本当は使える算数教科書

教科書のトリセツ

尾﨑正彦
松村隆年
直海知子
木下幸夫
樋口万太郎 著

学校図書

はじめに

　新学期，教室で新しい教科書が配られる。新しい教科書を手にした子どもたちの反応を覚えているであろうか？　どの子どもも，すぐに新しい教科書を開き始める。しばらくすると，次のような声が聞こえてくる。
「わあ，今年はコンパスを使う勉強があるよ。楽しみだなあ」
「2年生のときよりも，位が大きい筆算があるよ。どうやって計算するんだろうなあ…」
　子どもたちが，新しい教科書を開きながらわくわくしている声や表情が溢れている。新学期当初は，このように子どもの教科書に対する期待値はかなり高いのである。これは，どの地域でも，どの学年でも共通する姿ではないだろうか…。
　ところが，そらから1か月もすると，子どもたちの教科書に対する期待値は一気にしぼんでしまう。あれほど新しい教科書を開いただけで胸を躍らせていた子どもたちなのに，一体どうしてしまったのだろうかと思いたくなる。多くの先生方は，授業でその教科書を使っているのにもかかわらずである。
　このような光景は，毎年のように繰り返されている。子どもたちの期待値が高かった教科書を使って授業を進めているのにもかかわらず，なぜ，1か月後には子どもたちの期待値が下がってしまうのであろうか。
　その原因は，教科書の使い方にある場合が多いのではないだろうか。教科書は，文部科学省の検定に合格した優れた授業用テキストである。しかし，いくら優れたテキストであっても，その使い方が適切でなければ優れた授業結果へと結びつくことはできない。それは，一流の食材があっても，それを料理する人の腕前が低ければ，美味しい料理に仕上がらないことと同じである。

　優れた教科書だからといって，そこに書かれている通りに授業を展開したとしたら，子どもはどのように感じるであろうか。例えば，3年生「表とグラフ」単元を教科書の記述通りに進めたとする。

「教科書85ページを開きます」

「問題を読みましょう。『右の表は，9時から9時5分までに学校の前を通った自動車の記録です。この記録について考えましょう。①右の表で，「正」の字を数字に直しましょう。』」

「問題を読みましょう。『②表の記録の仕方について，話し合いましょう。』」

　この展開で，子どもは授業にわくわく感を抱くであろうか？　おそらく，そんな気持ちは全く抱かないはずである。子どもは，教師の指示通りに動かされるだけだからである。

「なぜ，『正』の字を数字に直さなければいけないのか」

「表の記録の仕方を話し合うって，一体，何を話し合えばいいのか」

　いくら優れたテキストであったとして，このように単に教科書の文面をなぞるだけの授業を展開していたら，新学期スタートから1か月もしたら，子どもの教科書に対する期待値がしぼむのは当たり前である。

　「教材研究」という言葉がある。教科書には，行間に隠されたメッセージや秘密がいくつもある。それらを教材研究を進めることで見つけていくことが教師には必要である。そのメッセージや秘密が見えてくれば，教科書を使った授業の進め方に変化が生まれてくるはずである。それは小さな変化で構わない。その変化の蓄積が，子どもの教科書に対する期待値を，ひいては算数授業に対する期待値を高めることへとつながっていく。

　では，教科書の教材研究はどのように進めたらよいのであろうか？　そのヒントが本書には詰まっている。算数授業のスペシャリストの先生方から，教科書をほんの少し変化させていくためのアイディアをお寄せいただいた。どのアイディアも，ほんの少しの工夫でできるものばかりである。どうか，お好きなページからお読みいただき，子どもたちの教科書や算数に対する期待値を高めるヒントとしていただきたい。

目次

序章

章

教科書はこう使え！

1 教科書ではダメなのか?

「研究授業だから,教科書とは違う教材で授業を考えないとだめだよね」

　研究授業前に聞かれることが多い言葉である。教科書に縛られず,自分オリジナルな教材を作ろうとする姿勢は教師として大切なことである。

　一方,この言葉は見方を変えたら次のようにも考えられる。

「教科書教材はつまらない」

「教科書教材で授業を行っても,子どもは盛り上がらない」

　正直,このように考える教師は多いのではないだろうか。しかしである。上記のように考える教師は,普段の授業では教科書を使わないのであろうか。おそらく多くの教師は,普段の授業では教科書を使って授業を進めているのではないだろうか。そうであれば,教科書を使った普段の授業でも子どもを盛り上げる展開を進めることはできないだろうか。もし,教科書でも子どもが盛り上がる授業ができれば,研究授業以外の毎日の算数授業がわくわくする愉しい時間になる。それが,算数好きの子どもを増やすことへもつながっていくはずである。

　しかし,「教科書を使ってわくわくする授業ができるなら苦労はしない」という声が聞こえてきそうである。おそらくこのように考える多くの教師の教科書の使い方に,その原因があるのではないだろうか。

　一般的に教科書はどのような使われ方をしているのであろうか。よく見かけるのが次のような使われ方である。

「教科書の○ページを開きましょう。今日の問題は『○○○』です」

　授業開始と同時に教師が教科書を開かせる。そして,そのページに書かれている教科書の問題文を全員で読み上げる。そして,次の指示が出される。

「どうやればこの問題は解けそうですか」

　見通しと呼ばれる指示である。この段階で子どもから問題を解くヒントが生まれてくることを教師は望んでいる。しかし,教科書は子どもたちの目の前で開かれたままである。そこには,問題を解くヒントを超えた解き方その

序
章

ものが全て書かれている。解き方そのものが見えてしまっては，子どもには
もう考える必要はなくなってしまう。研究授業でも教科書を開いたまま進め
る展開を目にすることがある。そのときの子どもはどこを見ているのであろ
うか。ちらちらと教科書に目を落としている子どもの姿がある。これが「教
科書はつまらない」と指摘される原因の1つではないだろうか。答えが見え
てしまったら，授業が盛り上がらないのは無理もない。このように考えると，
教科書がつまらないのではなく，教科書の使い方がつまらないのかもしれな
い。

　では，どのように教科書を使っていけばよいのであろうか。その効果的な
使い方を紹介していく。

2　一部を隠す&順番入れ替えで子どもは動き出す

　子どもの目線に立って教科書教材は作成されている。しかし，それだけで
は子どもは授業に対して十分に主体的にならない場合がある。そこで，教科
書教材をそのまま提示するのではなく，少し変化をつけて提示することで授
業は一気に盛り上がる。

　教科書教材の一部を隠して提示すると，隠された部分を子どもは考えた
くなる。それが子どもの学びを深めることへとつながっていく。

　また，教科書展開の基本はスモールステップで構成されている。これは，
多くの子どもが躓かないように授業展開できることを想定しているからであ
る。しかし，スモールステップであり過ぎることが，子どものわくわくする
授業への思いを低下させることがあることも事実である。スモールステップ
ではうまく展開できないと感じた場合は，次の手立てを講じることで授業が
活性化する。

教科書の展開順を入れ替えてみるのである。展開順を入れ替えることが，子どものわくわく感を引き出すことや問いを引き出すことにつながっていく。

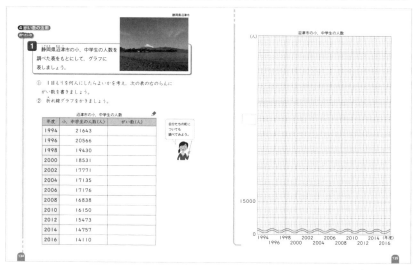

4年上 P.134~135

　4年生「がい数」である。この単元の後半に静岡県沼津市の小，中学生の人口を概数に置き換えて折れ線グラフに表す場面がある。

　教科書通りの展開では，沼津市の小，中学生の人口データが提示される。次に，それらのデータを概数にすることが求められる。その後，概数にしたデータを折れ線グラフへと表していく展開である。

　この展開は，一見すると前時までに学習した概数を活用するていねいな展開に見える。しかし，ここで視点を変えて教科書展開を見直してみる。子ども目線に立ってみるのである。子どもの立場に立つと，小，中学生の人口を概数に置き換える必要性を感じることはできないことが見えてくる。

　概数を用いる必要性を感じさせるため，ここでは教科書の概数欄を隠して提示する。次に，教科書にある概数に直す指示の問題は提示しない。すぐに，次のように子どもに投げかける。

「小，中学生の人口を折れ線グラフにできるかな」

　折れ線グラフは4年生で学習済である。子どもたちは簡単にグラフ化できると考えている。そこで，小，中学生の人口をグラフ化させてみる。すると，作業が始まってすぐに子どもたちは悲鳴をあげてくる。

「これはできないよ」

「一の位の3をグラフにするのはできないよ」

　教科書のグラフの1目盛りは100人である。21643人をそのままグラフに表現することは不可能である。そのままの数値ではグラフ化できないことに気付いた子どもたちは，「だったら概数にすればいいよ」，「21643人なら21600人にすればグラフにできるよ」と小，中学生の人口を概数に置き換える必要性に気付く。小，中学生の人口を概数に置き換える指示を教師から提示しなくても，子どもが概数に置き換えたくなったのである。

　教材の一部を隠すこと，提示の順番を変えたことが子どもの主体的な学びを引き出すことに有効に働いた。

3　素材そのまま展開お任せ

　教科書展開がスモールステップであることを前述した。実は，子どもはスモールステップでていねいに指示を出され続けると，自ら考えることを放棄してしまうことがある。教師からのていねいな指示を常に待ち続けている方が，よけいなことを考えなくてもよくなるためである。このような学習展開が継続し過ぎると，極端な場合は子どもが自ら考えないクラスに育ってしまう可能性がある。

　では，子どもが考えたくなり，しかも主体的に動き出す授業展開を進めるためにはどのようにしたらよいのであろうか。

　教科書教材を提示したら，その後の問題解決を子どもに任せる。子どもに任せることで，子どもは主体的に考えざるを得なくなる。

4年生「角」の学習。教科書では，口を開けた複数の動物の絵が提示されている。「①口の開け方がいちばん大きいのは，どの動物ですか。」と教科書では問題を提示している。この提示をそのまま行う。この後の展開は子どもに任せる。ついつい教師はこまかな質問やヒントを提示したくなるが，そのまま子どもに任せてみる。すると子どもが主体的に追究を始める。

　子どもたちに，どの動物が一番大きく口を開けているのかを予想させる。その予想を発表させる。

4年上 P.58

「カバの口が一番大きいよね」
「そうかなあ。私はヘビだと思うけど」
「カバだよ。だって，カバの口の長さはヘビの口の長さよりも長いよ」
「確かにヘビの口の長さは短いね」
「口の長さで比べていいのかな」
「そうだよ。口の長さだったらワニの方が長いよ。でも，ワニの口は大きく開いてないよ」
「だから，口の長さで比べたらだめだよ」
「重ねてみたらヘビの口が開いていることがはっきりするよ」
「でも，教科書を切るのはできないよね」
「だったら，コンパスを開いてワニとヘビの両方に当ててみれば比べられるよね」
「コンパスで比べると，ヘビの方が大きいね」
「ヘビの方が2mmくらい大きく開いているね」

　子どもに問題解決の話し合い場面を任せるのである。任せることで，子どもたちの多くが角の開き具合と角を構成する2本の辺の長さに比例関係があると誤解していることが見えてくる。この誤解をきっかけに子どもたちが話し合いを進めていくことで，角と長さに比例関係があるという見方が誤解で

あることが見えてくる。さらに，ヘビとカバの開き具合の差を，コンパスの長さで数値化するという発想が生まれてくる。開き具合を数値化するという見方・考え方は，この図形領域では非常に大切な視点である。この視点が，子どもに任せることで引き出される。

　角の学習場面では，分度器を使うことがメインとなりがちである。しかし，その分度器をいきなり提示して動物の口の開き具合を測定させても，子どもたちに分度器のよさは伝わらない。このように話し合い活動を子どもに任せることで，角度と辺の長さに比例関係がないことや開き具合を数値化する必要感を引き出すことができる。

素材そのまま発問アレンジ

　教科書には子どもたちの興味・感心をひく教材や素材がたくさん掲載されている。ところが，興味・感心をひく教材や素材を教科書通りに授業展開すると，とたんにトーンダウンしてしまうことがある。子どもが教材や素材に出会ったときに感じたわくわく感を十分に生かし切る発問が展開されていなことも理由の一つである。

> 教材や素材を提示したら，その後の展開は教科書通りではなく，まったく別の発問を行うことで，子どもはより主体的に問題解決に向かって動き出す。

　6年生「対称」の導入場面である。教科書の該当ページは次ページのようになっている。折り紙で様々な形を作成する。その後，その折り紙を素材として，次のような発問を投げかける。
「真ん中で折ると重なるもの」
「回すと重なるもの」
「折っても回しても重ならないもの」

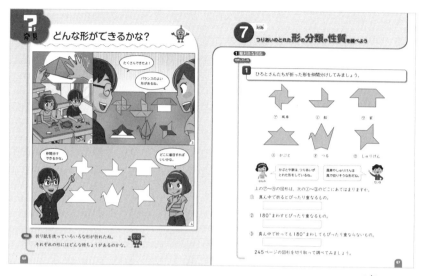

6年 P.86~87

　これらの発問は,「線対称」,「点対称」,「線対称でも点対称でもない」図形に仲間分けすることをねらったものである。そのため, 対称図形の視点を教師から与える展開となっている。この視点は, 子どもから引き出したい。それが, 主体的な学びにつながるからである。

　そこで, 前述の発問ではなく, まったく別の発問を投げかける。教科書右側のシルエット状の図形を黒板に貼り, 次のように子どもに投げかける。
「目を閉じてもらいます。その間に, この折り紙の中から1枚だけを動かします。どの折り紙を動かしたのかを当ててもらいます」

　クイズ的な発問である。これだけで, 子どもたちのやる気は格段にアップしてくる。最初に動かすのは, 線対称でも点対称でもない図形がよい。例えば, ㊗のつるを裏返す状態で動かす。
「簡単だよ。つるだよ」
「だって, 最初は頭が左でしっぽが右だったけど, 今は頭が右でしっぽが左になっているよ」
「裏返しにしたってことだね」

　子どもたちは折り紙の中の部分の位置に目を付けた説明を行う。このよう

な図形の一部の位置関係に目を向ける視点は，対称図形を考えていく上で大切な視点となる。

　次に，㊉のかぶとを裏返す。目を開けた子どもたちは，必死で折り紙を見つめる。しかし，見た目上はなにも変化はない。子どもからは，「動かしてないでしょ」と声があがる。教師が「1枚動かしたよ」と言っても，どれを動かしたのかは分からない。やがて子どもたちはギブアップする。そこで，動かした折り紙がかぶとであることを伝える。そして，次のように子どもに尋ねることが重要である。

「かぶとを動かしたのに，どうしてみんなは分からなかったのかな」

　かぶとが動いているように見えなかった理由を尋ねる。

「だって，かぶとは裏返しても同じだよ」

「右と左の形が同じだから，分からなかったんだ」

「左右がぴったり同じ形だと，裏返したときにもぴったり重なるから分からないんだよ」

　線対称の見方・考え方が子どもから生まれてくる。ここで，子どもたちに次のように投げかける。

「左右がぴったり同じ折り紙は，他にもあるかな」

　㋒の家も線対称の仲間であることを，子どもたちは見つけてくる。

　続いて，㋐の風車を動かす。ただし，裏返すのではなくそのままの向きで180°回転させる。目を開けた子どもたちは，「動かしていない」と声をあげる。また，線対称の折り紙の名前を指摘する子どももいる。

　そこで，実際に動かしたのが「風車」であることを伝える。すると，子どもから次の声があがってくる。

「風車を本当に動かしたのですか？」

「風車は裏返したら，上の羽が右から左に動くはずだよ。でも，上の右の羽はそのまま右にあるよ。本当に動かしたのですか？」

「あれ，もしかしたら裏返したんじゃないかもしれないよ…」

「もしかしたら，回したってことかな」

「そうだよ。風車を上下反対向きに回したんだよ」

「それなら，最初と同じ形に見える。ずるいなあ」

点対称の見方・考え方が生まれてくる。

教材や素材はそのまま提示し，その後の発問や展開を変えることでより一層子どもたちが主体的になり，さらには子どもが喜ぶ展開を進めることができる。

5 順番アレンジ

教科書で提示される教材の多くは，その後の展開を見据えて作成されている。その時間の最終ゴールにより短時間で到達できることを目的に作成されているものが多い。これは，ある意味で親切な作成方針である。しかし，見方を変えると子どもが問いを感じることもなく，授業のゴールに向かって受動的に学習が進む可能性もある。

> 子どもが問いを感じるように教材の順番をアレンジ（変更）して提示する。これだけで，子どもは問いを感じ動き出す。

右は3年生「表とグラフ」のページである。単元後半に，一次元表を二次元表に整理し直すページがある。教科書では，4〜6月の図書室での3年生の本の貸出冊数種類別データが提示されている。いずれの月も「物語」，「でん記」，「図かん」，「その他」の順の表が提示されている。これは，その後の二次元表の種類の項目順とも合致している。

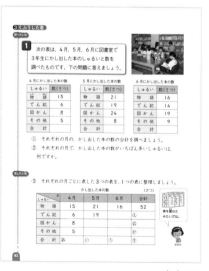

　しかし，4〜6月の種類の項目順は子どもたちの学習の履歴とは異なっている。なぜなら，子どもたちはそれまでの表とグラフの学習で，データは多い順に整理することを学んでいるからである。この学習履歴に沿って提示されているのは4月だけである。5月も6月も子どもの学習履歴とは異なる順番である。

　そこで，子どもたちの学習履歴に沿って，先のデータを表にまとめ直すと，次のようになる。

4月にかし出した本の数	
しゅるい	数（さつ）
物　語	15
図かん	8
でん記	6
その他	5
合　計	

5月にかし出した本の数	
しゅるい	数（さつ）
図かん	24
物　語	21
でん記	19
その他	8
合　計	

6月にかし出した本の数	
しゅるい	数（さつ）
図かん	19
物　語	16
でん記	14
その他	9
合　計	

　月別データとして別々に提示するのであれば，上のように整理する方が自然である。あえてこのように整理し提示することで，子どもたちは「まとめて見ると，種類の順番がバラバラで分かりにくい」と感じる。これが，項目順をもっと分かりやすく整理したいと考える問いへとつながっていく。

6　短時間連続提示

　教科書を開いた状態で授業を進めると，子どもたちはそこに提示された教材をいつでも目にすることができる。いつでも目にすることができれば，教材にじっくりと向き合うことができると思いがちである。ところが実際は，そうだとは言い切れない。いつでも見ることができるということは，かえってよく見ないということにもつながる。

教材を意図的に短時間だけ提示して隠す。教材が複数あるときには，順番に短時間ずつ連続で提示して隠していく。このように提示することで，子どもの「もっとよく（教材を）見たい」という気持ちを引き出すことができる。これが主体的学びへとつながっていく。

　前項で述べた3年生「表とグラフ」の学習の続きである。貸出冊数の種類の項目を多い順に作成し直した4〜6月の表を，4月から1か月分ずつ順に提示する。ただし数秒程度の短時間で隠すことがポイントである。
　提示が終わると，子どもたちからは次の声があがってくる。
「速すぎてよく分からない」
「もっとよく見せてほしい」
　もっとじっくりと表を見たいという気持ちが子どもに沸き起こった証拠である。もし，表がずっと目の前にあったら，このような声は生まれない。見ているようで見えていない状態では，もっとじっくりとは見たくはならないのである。

　中途半端を問う

　教科書の問題提示で多い問いかけの中に，次のものがある。
「一番多い○○はなんですか」
「一番少ない○○はなんですか」
　一番多いものや一番少ないものは目に付きやすいからである。従って，一番○○という問いかけは，子どもにとっては分かりやすい。分かりやすいということは，裏を返せば簡単すぎて，問いが生まれないとも考えられる。そんなときに効果的なのが，次の視点である。

中途半端な3番目などの位置にある情報が何かを問うのである。中途半端な位置は，子どもにとっては分かりにくい。従って，子どもの認識にズレが生まれ，それが子どもの問いへとつながっていく。

　前述の３年生「表とグラフ」のその後である。４〜６月の月別本の貸出冊
数を数秒間ずつ提示する。

４月にかし出した本の数	
しゅるい	数（さつ）
物　語	15
図かん	8
でん記	6
その他	5
合　計	

５月にかし出した本の数	
しゅるい	数（さつ）
図かん	24
物　語	21
でん記	19
その他	8
合　計	

６月にかし出した本の数	
しゅるい	数（さつ）
図かん	19
物　語	16
でん記	14
その他	9
合　計	

　その後，次のように問うのである。
「貸出冊数の合計が２位は，どの種類の本でしたか」
　子どもたちの目は，第１位の本の種類に目が向いている。そのため，第２
位を尋ねられると「あれ？なんだったっけ」となってしまう。
「物語かな」
「そうかな。私は図鑑だと思うけどな」
「えー，よく分からない」
　子どもたちの第２位に対する考えにズレが生まれた。すると子どもからは
「もう１度見せてほしい」という声が生まれてくる。そこで，４〜６月の月別
データを再度提示する。今度は，１回目よりも長い時間提示する。子どもた
ちは，各種類の本の数を合計し始める。
「伝記は39冊だね。物語は52冊，図鑑は51冊だね」
「第２位は図鑑だね」
「この表，順番がバラバラで分かりにくいよね」
「４〜６月が同じ順番ならもっと分かりやすいよね」
「３つの表をくっつけたらもっと分かりやすくなるよ」
「右端に合計を書けば，すぐに何位かが分かるよね」
　子どもたちが二次元表を使ってデータを整理したくなった姿である。この
ような気持ちを引き出すことが授業では必要である。この段階で，教科書の

右のような二次元表のページを開
かせる。子どもからは，「そうそう，
これなら便利だよ」と声があがっ
てくる。

かし出した本の数　　　　　（さつ）

しゅるい　　月	4月	5月	6月	合計
物　語	15	21	16	52
てん記	6	19		㋐
図かん	8			㋑
その他	5			㋒
合　計	㋐	㋑	㋒	㋓

　右のような二次元表を最初から
提示して月別データを整理しても，子どもたちには二次元表のよさを実感す
ることはできない。しかし，これまでに述べた視点での提示を行うことで，
子どもから二次元表につながるアイディアが生まれてくる。さらには，その
よさを実感することもできる。

8　数を問う

　算数の学習では，きまりを発見させる学習場面が多くある。帰納的な考え
方を引き出すことを目的とした学習場面でもある。きまり発見に必要な前提
条件は，複数のデータが存在することである。子どもたちは目の前にある複
数のデータを比較し，その中からきまりを発見していく。
　複数のデータを教師から一方的に提示されても，そこには主体的に子ども
が関わる場面は生まれない。そんなときに効果的なのが次の視点である。

> 問題文を提示した直後に，その数を問うのである。数を問われることで
> 子どもたちは一旦自分の考えを決めなければならない。その数は友だち
> とは異なることが多い。友だちの考えとのズレである。ズレを感じた子
> どもは，本当の数を知りたくなり動き出す。

　4年生「式と計算」の後半に，次ページのようなわり算のきまりを学習す
る場面がある。右の場面では，わる数と商の関係に目を向け，そこにはどの
ようなきまりがあるのかを調べさせる展開になっている。
　このページの冒頭の問題文は，次のものである。

「24÷□の□にいろいろな数を入れ
て，わる数と商の間にあるきまりに
ついて調べましょう。」

　この問題文は，わり算にきまりが
あることを前提に投げかけられてい
る。そもそも子どもは，この時点で
はわり算にきまりがあることすら気
付いていない。それにも関わらず，
先のような投げかけをしても子ども
には唐突すぎる問題である。そこで，
次のように問う。

「24÷□＝○であまりのない式をノ
ートに書きましょう」

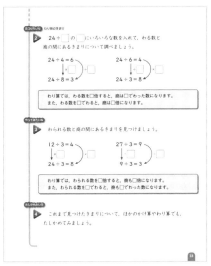

4年下 P.33

　子どもたちは，思いついた式をノートに書く。それらの式を発表させる。

「24÷4＝6です」

「まだ別の式があります。私は，24÷6＝4です」

　この後も，「まだ別の式がある」の声が続く。そこで，次のように数を問
うのである。

「24÷□＝○になる式は，何種類あるのかな」

　実際に計算で確かめる前に，何種類になるのかを発表させる。

「3種類くらいじゃないかな」

「そうかな。もっとあると思うよ」

「5種類はあるよ」

「8種類はあるかな」

　子どもたちの予想の数は分裂する。友だちの考えとの
ズレが生まれたのである。ズレを感じた子どもたちは，
すぐに実際の式の種類を確かめたくなる。

　ノートに子どもたちは，24÷□＝○になる式を書き
出していく。やがて，右の式を子どもたちが見つけてく

$24 \div 1 = 24$
$24 \div 2 = 12$
$24 \div 3 = 8$
$24 \div 4 = 6$
$24 \div 6 = 4$
$24 \div 8 = 3$
$24 \div 12 = 2$
$24 \div 24 = 1$

る。式の総数は8種類であることが見えてくる。

　これらの8種類の式を，子どもたちは前ページのようにわる数が小さい順に整理してくる。このように整理すると，教科書のように「わる数と商の間にあるきまりについて調べましょう」と尋ねなくても，子どもがきまりの存在に気が付いてくる。

「あれ，きまりがあるよ」

「わる数が3倍になると，答えは反対に÷3になっている」

「24÷1と24÷3でも同じだよ。わる数が3倍なると，答えは反対に÷3になっているね」

「他の場所も，みんな同じだね。24÷6と24÷12を比べても同じきまりがあるね。わる数が2倍だと，答えは÷2だね」

　式の数を問い，その結果を子どもの声に合わせてきれいに整理することで子どもたちはその中からきまりを見いだしてきたのである。

9　バラバラ提示

　教科書には様々な情報が各時間の冒頭に提示されている。多くの場合，その情報はきれいに整理された状態で提示されている。子どもはきれいに整理された情報を目にすると，それ以上はその情報に関わろうとはしなくなることが多い。整理された情報を見て満足してしまうからである。人は整理され過ぎると，そこに問いを感じることはなくなる。そんなときに効果的な視点がある。

> 整理された情報を，あえてバラバラに提示するのである。バラバラに提示されることで，子どもたちはその情報をきれいに整理したくなる。これが問いとなる。この気持ちを引き出すことこそ，その後の展開を主体的に進めていく布石となる。

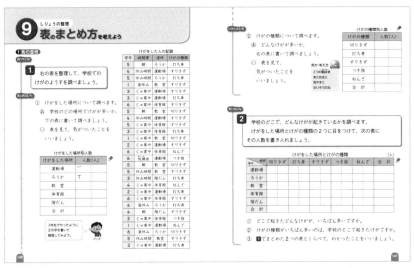

4 年上 P.140〜141

　4年生「しりょうの整理」である。二次元表に整理していくことが，本時の目標である。そのために，教科書では「けがをした人の記録」を一覧表にして提示している。この表では，二次元表の項目である「けがをした場所」，「けがの種類」ともに，まとめた状態で提示はされていない。このままで提示しても，子どもたちは「けがの種類ごとに整理したい」と考えるかもしれない。あるいは，この状態で満足をしてしまうかもしれない。

　そこで，この「けがをした人の記録」のデータを個別のカードにして，全てバラバラに黒板に提示するのである。ただし，教科書の二次元表ではけがの場所と種類の2つが視点である。従って，バラバラに提示するカードに掲載する情報もこの2つに限定する。「体育館　すり傷」，「教室　切り傷」のようにである。情報の視点が多すぎると，余計な混乱を招くだけである。

　バラバラに提示されたカードを目にした子どもは，次のように声をあげてくる。

「バラバラで分かりにくいよ。きれいに並べ替えたいね」

「けがの種類ごとに分けてカードを貼ると分かりやすい」

「けがをした場所でも分けられるよね」

「でも，両方同時はできないよ。だから，けがの種類で並べたらどうかな」

　バラバラにカードを提示することで，子どもたちは観点を決めてカードを整理したくなる。このような見方を引き出すことが大切である。

　けがの種類を視点にカードを整理すると，先ほどよりはデータが見えやすくなる。しかし，整理前に子どもから生まれた「けがをした場所」の視点で見直すと情報はバラバラのままである。それに気付いた子どもから，次の声があがってくる。

「けがの場所はバラバラのままだね」

「これって，表にできないかな？」

　簡単な二次元表は3年生で学習済である。先の声を受けて，この場面で「みんなが並べたカードを表に整理できるかな」と投げかけてみる。子どもたちは，教科書にあるような二次元表をノートに書き，2つの視点でデータを整理してくる。

　データの情報を限定した上で，それらをバラバラに提示することで「きれいに並べ替えたい」，「整理したい」，「表にまとめたい」という気持ちを引き出すことができる。

10　少しずつ提示でお任せ

「教科書を開いた状態で授業を進めると，全ての情報が一度に子どもに見えてしまう」

　このような指摘を受けることがある。教科書はページ配当の都合上，情報を1ページに多く詰め込まざるを得ない。確かに，全ての情報が最初から見えてしまうと，子どもに本当に考えさせたい部分まで見えてしまうことがある。

　そんなときには，次のような視点で授業を展開することが効果的である。

> 教科書を開かせずに，そこに書かれている情報を少しずつ小出しに提示
> していく。このようにすることで，本当に考えさせたい部分を子どもに
> 向き合わせることができる。

3 年下 P.20〜21

　3年生「円と球」である。教科書では，次の投げかけで授業が始まる。
「みんなで玉入れゲームをするためにならびました。」

　教科書を開くと，一直線状・正方形状に並んでいるイラストがある。さらに，正方形の角の人が不公平になるイラストもある。これでは，「1つの点から等距離にある点の集まりが円」であることを発見していく前段階の過程が見えすぎてしまう。

　そこで，この場面では一直線状に並んだイラストだけを提示する。「この並び方で玉入れをしよう」と投げかける。すると，子どもからは不満の声があがってくる。

「これじゃあ不公平だよ」

「真ん中の人はかごに近いけど，端の人はかごから遠いよ」

かごと子どもとの距離が話題になってくる。ここで，「だったらこれはどうかな」と正方形に並んだイラストだけを提示する。このイラストに対しても，不満の声があがる。

「これもだめだよ。頂点の人は遠いよ」

「辺の真ん中の人だけ近くてずるいよ」

ここまでくれば，子どもの中から「だったら丸く並べばいいよ」，「円に並べば，みんな公平だよね」と声があがるであろう。

このように，情報を少しずつ順次提示していくことで，子どもたちに見つけさせたい中心から等距離の点の集合体が円の軌跡になることを子どもから引き出すことができる。

11 　既習からズレの自覚

　教科書は，前時までの学習をもとに構成されている。既習の学びの延長線上に位置づいている。そこでの内容は，既習事項よりも少しだけレベルアップした内容となっている。

　このように教科書が編集されていることから，前時とのレベルアップの差をていねいに教師が説明し過ぎることがある。これでは，主体的な学びを子どもから引き出すことは難しい。このときに大切な視点は，次のものである。

> レベルアップした既習事項との差を教師は説明しない。子どもにそのまま問題場面を提示し，子どもに解決をそのまま任せてみる。そのとき子どもが感じる既習事項とのズレを引き出し，全員で話し合う話題としていけばよい。

　4年生「資料の整理」である。教科書では「金魚と小鳥の飼育調べ」の状況を次ページのような表に整理する展開になっている。しかし，この表は前時までに子どもたちが学習してきた表とは異なる。そこで，「金魚と小鳥の

飼育調べ」のカードを提示した後，次のように投げかければよいのである。

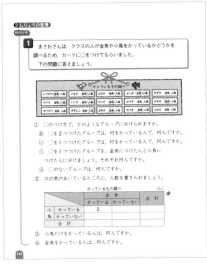

4 年上 P.142

「このカードを表にまとめることはできるかな」

　子どもたちは，前時までの表にデータを整理している。従って，前時と同じ二次元表を書いてデータを整理するのが自然な思考の流れである。

　この場面は，子どもに表作りを任せる。ほとんどの子どもは，右のような表を作る。この表を板書させる。多くの子どもは，この表

	かっている	かっていない	合計
金魚	7	8	15
小鳥	6	9	15
合計	13	17	30

に違和感をもっていない。ところがしばらくすると，「あれ，なんか変だ」と声があがる。しかし，その変だという気持ちは共感されない。そこで，その気持ちを少しずつ共有していく。

「これ，合計が2倍になっている」

「全部で15人しかいないのに，30人になっているよ」

「金魚を飼っていて，小鳥を飼っていない人が7人の場所と9人の場所に2回カウントされている」

「だから，人数が倍になるんだよ」

　前時までに学習した表の限界を指摘する声である。本時は，この部分を子どもに気付かせることが大きな目的である。教科書に掲載されている表は，この後で提示する。この場面で教科書の表に出会うことで，子どもたちはその表のよさを実感することができる。

　既習事項の限界にあえて出会わせる展開を進めることで，子どもたちは新しい学習内容のよさをより実感することができる。

　次章からは，学年別の教科書を活用した授業の進め方を詳細に紹介していく。

1章

実践例 1 年

1年

いくつあるかな

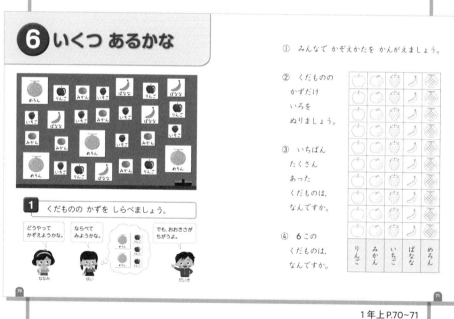

6 いくつ あるかな

1 くだものの かずを しらべましょう。

どうやって かぞえようかな。
ならべて みようかな。
でも,おおきさが ちがうよ。

① みんなで かぞえかたを かんがえましょう。

② くだものの
かずだけ
いろを
ぬりましょう。

③ いちばん
たくさん
あった
くだものは,
なんてすか。

④ 6 この
くだものは,
なんてすか。

りんご	みかん	いちご	ばなな	めろん

1 年上 P.70~71

音声で果物発表

果物の描かれているカードを提示するのではなく，音声だけで果物の名前を読み上げる。子どもから「整理をしたい」というアクティブな姿を引き出すためである。

今から果物の名前を言いますので，よく聞いてくださいね。

メロン，りんご，みかん，いちご，バナナ，りんご，バナナ，いちご，バナナ，いちご，みかん，いちご，バナナ，りんご，みかん，みかん，メロン，いちご，みかん，いちご，メロン，いちご，りんご，バナナ，みかん，りんご，メロン

どんな果物が出てきたかな？

メロン。

バナナ。

いちご。

みかん。

りんご。

そうです！　では，一番たくさんあった果物はなんですか？

え！？　分からないよ。

りんごかな…。

みかんかな…。

みんな自信がないようだね。問題を変えます。6個の果物はなんだった？

うん，分からないよ。

いちごかな…。

どうして？　みんな分からないの？

だって，覚えきれないもん。

もう1度，聞きたい！

じゃあ，もう1度言うね！

先生！　メモしていい？

メモをしてもいいけど，どうしてメモを取りたいの？

だって，全部覚えることはできないからメモしたいもん。

じゃあ，メモすることはオッケーにします。でも，みんなはどのようにメモをしていくの？

確かに，さっきの速さで読まれるとりんごとか全部を書いていると間に合わないもんね。

メモをどのようにとるかを交流する。

1回目よりも少しゆっくりしたスピードで2回目を発表する。

どうだったかな？

一番たくさんあったのは，いちごだったよ！

6個の果物は多分，みかんだった。

カードで果物発表

先生が言った果物の一覧を見せます。

教科書1年上p.70を見せる。

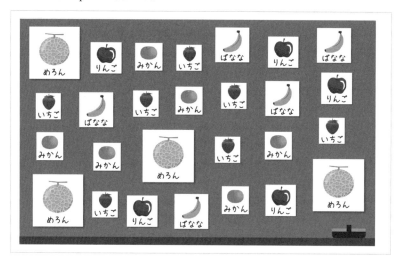

この方が数えやすい。

あれ？　カードの大きさが違うのもあるよ。

本当だね。メロンのカードが一番大きいね。
メロンが一番多いのかな。

そんな風に見たらダメだよ！

それは大きさであって，数えるときには関係ないよ！

そうそう。何個あったかで数えないとダメだよ。

先生が言ったときには，みんな何個あるのかを数えていたんだよ！

 みんなが言っていたように，カードの大きさは関係なく，それぞれの果物が何個あるのかを数えないといけないんだね。

場面 | 3

絵グラフのよさ

 教科書では，このような数え方を書いています。71ページを開けましょう。

子どもたち1年上p.71を開ける。

 これは絵グラフと言われるものです。果物の数だけ色を塗っていきます。

おぉ，一目で分かりそう！

 70ページにはさっき先生が言っていた果物が載っています。

1年上p.70の絵を拡大したものを提示しながら，説明をしていく。

 それを見ながら，この絵グラフを埋めていきます。

 最初にメロンが載っているから，メロンのところに色を塗ります。

　子どもたちがどのように絵グラフの色を塗るのか分かるまでは，一緒に進めていく。

　少し時間を取る。

 みんな一回ストップして，今どこまで色を塗ったのかが分からないと言っている子がいたんだけど…。

そうそう，途中で分からなくなるから何度も最初からすることになっちゃう。

 何かいいアイディアないかな？

色を塗った果物はバツをつけているよ。

それは便利だね！　それでやってみる。

 じゃあ，その方法でできそうだね。もう少し時間を取ります。

　絵グラフを完成させた後，まずは隣同士で確認をさせる。そして，全体で確認を行う。

絵グラフの読解

絵グラフも完成しました。じゃあ,絵グラフを見ながら問題について考えていきましょうね。

一番たくさんあった果物はなんですか?

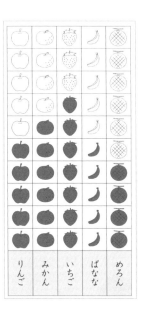

りんご	みかん	いちご	ばなな	めろん

いちごです!

絵グラフで見ても,やっぱりいちごだね。

じゃあ,6個の果物はなんだった?

みかん!

そうだね。絵グラフを見てもやっぱりみかんだね。

1 年

かたち(1)
かたちあそびをする (ころがそう)

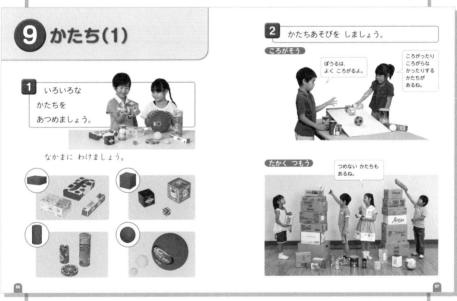

1年上 P.86~87

単元の見通しを持たせる

机の上には，各自が前時に仲間分けした箱を出させる。

 今日の算数は仲間分けをした箱を使って遊びをします。箱をそのまま使って，どんな遊びができると思いますか？　ルールとして，壊したり，つぶしたり，投げたり，箱を切ったりはしません。

箱を積んだりして，ロボットとか作ることができそう。

転がして遊んだりするのかな。

場面 ｜ 2

箱で遊ぶ

教科書にはこの学習でどのような遊びをするのかが書いています。教科書を見てみましょう。

転がしたりするんだ！

高く積もう！

箱の中のかたちを当てるゲームみたいなのをしている。

あ〜，ロボットを作るんだ！

飛行機を作っている！

色々なものを作るの，楽しそう。

どれも楽しそう！

どれも楽しそうでしょ。でも，作って終わりだと遊びです。だから，遊んだ後で質問をします。それに答えることができるように遊んでくださいね。まずは，「ころがそう」をします。

2〜3人の班になり，坂を作り，様々な箱を転がす時間を取る。
（板と土台をグループ数分用意し，配付）

場面 | 3

箱の特徴を考える

 どれが一番転がしやすかったですか？

ボールが転がしやすかった。

丸くなっている（円柱）のは転がしやすかった。

 丸くなっている箱が転がしやすかったんだね。
では，どれが一番転がしにくかったですか？

かくかくになっているのは転がしにくいです。

しかくは転がしづらいよ。滑って落ちていくよ。

 最後に目の前の箱を転がしやすいランキングに並べ替えましょう。

　班の子たちと相談しながら，ランキングを考えさせる。時間があれば交流を行う。

1位 　2位 　3位

041

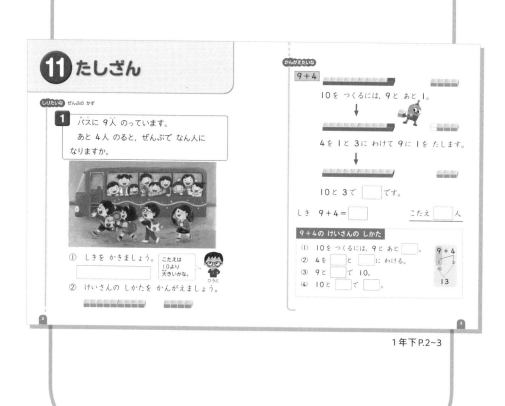

たしざん

🕚 たしざん

しりたいな ぜんぶの かず

1 バスに 9人 のっています。
あと 4人 のると、ぜんぶで なん人に
なりますか。

① しきを かきましょう。

こたえは
10より
大きいかな。
ひろと

② けいさんの しかたを かんがえましょう。

かんがえたいな

9 + 4

10を つくるには、9と あと 1。

↓

4を 1と 3に わけて 9に 1を たします。

↓

10と 3で ▢ です。

しき 9 + 4 = ▢   こたえ ▢ 人

9 + 4の けいさんの しかた

(1) 10を つくるには、9と あと ▢。

(2) 4を ▢ と ▢ に わける。

(3) 9と ▢ で 10。

(4) 10と ▢ で ▢。

9 + 4

10 3

13

1年下 P.2~3

場面 | 1

□の数を考える

次の問題を提示する。

> バスに9人のっています。
> あと□人のると，ぜんぶでなん人になりますか。

先生，このままじゃ求めることができないよ！

□人が分からないもん。

 じゃあ，□が分かるとできるんだね。

うん！　できるよ！

1人にしよう！

 どうして1人を選んだの？

だって，10人になるもん。

1人だと，どんな式になるかな？

9 + 1 ！

 式はそうなるんだね。じゃあ，答えは？

10 ！

 え！？　本当に10になるの？　ブロックを使って説明できるかな？

場面 | 2

10になる理由を考える

10になる理由をブロックを使って説明する。

 10になる理由を隣同士で説明しましょう。

うまく説明できないペアには，周りの子たちにヒントを言わせる。

場面 | 3

□＝4の場合を考える

 次は□に4を入れます。式はどうなるかな？

9 + 4！

 答えは10より大きくなると思う？

大きくなるよ。

だって，最初に1を入れたときに10だったもん。

 じゃあ，どのように計算したらいいのか考えよう。

私はブロックで考えたよ。まず9に1個のブロックをくっつけたよ。

 どうして1個のブロックをくっつけたの？

10にしたかったから。

その1はどこから持ってくるの？

 4の中から1個を持ってくるよ。

 じゃあ，残りは何個になるの？

 3個になる。

 10と3だから13になるでしょ。

 だから，すぐに10と3で13と分かるんだね。

 僕はそれを式で考えたよ。

 最初に9 + 1 = 10でしょ？

 10になるね。

 4は1と3に分けることができるから，残りの3を使って10 + 3 = 13になるよ。

 式でできるみたいだね。じゃあ，2人組でどのような式になるのかを話し合いましょう。

1章

くらべて みよう

1年下 P.23~24

鉛筆の長さ比べ

 23ページの①を見ましょう。男の子と女の子は何を持っていますか?

赤と青の鉛筆を持っています。

 そうだね。じゃあ，どっちが長いかな。

このままでは分からないよ…。

だって，手に隠れているから分からないよ。

 じゃあ，どうしたら分かるのかな?

端を揃えたら，分かるよ!

多くの子がうなずいている。

 では，1本鉛筆を出しましょう。

子どもたちが筆箱から鉛筆を1本取り出す。

 お隣の子と鉛筆の長さ比べをしてごらん。

時間を取る。

場面 ｜ 2

ひもの長さ比べ

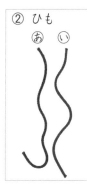

② ひも
あ　い

②を見ましょう。あといのどちらのひもが
長いでしょうか。

これも，このままでは分からないよ。

だって，曲がっているもん。

じゃあ，どうしたら分かるのかな？

ひもをまっすぐにしたら分かるよ。

まっすぐにしただけではダメだよ。

さっき言ったみたいに，これも端を揃えない
といけないよ。

縦・横の長さ比べ

③ はがき

 ③を見ましょう。ハガキの縦の長さと横の長さはどちらが長いですか。

同じ？

見た目は縦の長さかな。

 どうやったら比べることができそう？

2枚のハガキの縦と横をくっつけたら，どちらがすぐに長いのか分かるよ。

 ハガキが2枚あればできそうだよね。でも，1枚しかないよ。

折ってもいいの？

 折ってもいいですよ。

じゃあ，このように折ったら分かるよ。

　このときハガキを1枚用意しておき，そのハガキを操作しながら説明をさせていく。

④を見ましょう。この箱の縦の長さと横の長さはどちらが長いですか。

箱だとハガキのようには折れないな…。

箱も1個しかないんだよね。

だったらテープを使えばいいんじゃない？

テープで箱の縦の長さを測って，それを横に合わせるの！

1章

　ひもやハガキや箱などを用意しておき，テープを使って長さ比べを行う。実物を使って行う方がより理解を深めることができる。

長さ比べのまとめ

今日は4問考えてきました。大きさ比べをするために大切なことはなんですか？　お隣同士で話をしましょう。

時間を取る。

24ページを見てみましょう。

① えんぴつ　② ひも　③ はがき　④ はこ

はしを
そろえて…。

はしを そろえて
まっすぐに
のばすと…。

おって
かさねると…。

ゆい

はこは おることが
できないから…。

ななみ

ひろと

だいき

1年下 P.24

子どもたちが教科書を開ける。

24ページには，今日考えてきたことがまとめて書いています。ここを見ながら，もう1度確認していきます。

教科書を見ながら，改めて大切なポイントについておさえていく。

2章

実践例 2年

2年

ひょうとグラフ

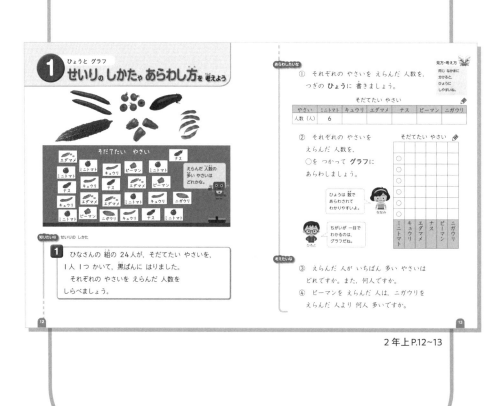

2年上 P.12~13

場面 ｜ 1

カードの見方のズレを引き出す

教科書を一瞬見せるという教科書の活用の仕方。

2年上 p.12 を開き，教師が問題文を読んだ後，

> 教科書を閉じましょう！

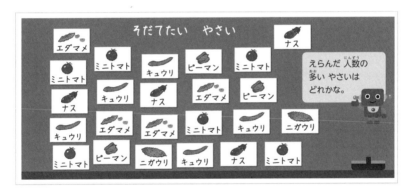

5秒くらいで教科書を閉じさせる（デジタル教科書も可）。

一瞬で見えやすくするには，どうしたらよいのかということを考えさせることで，分類・整理をしたいという姿を引き出す。

> ひなさんの組は何人いた？

> 24人。

ということは，24枚の野菜カードが黒板に貼っていたんだね。では，どんな野菜カードが貼っていたかな？

ピーマンはあったよ。

ナスもあったよ。

トマトもあったよ。

トマトじゃなくミニトマトだよ。

どんな野菜があったかを確認するために，もう1度教科書を開きましょう。

教科書を閉じましょう。では，ピーマンは何人選んだのかな？

え？　分からないよ。

4人？

じゃあ，ミニトマトは何人だった？

え？　分からないよ…。

先生，もう1度教科書が見たいよ。

教科書を見たい人が多いね。じゃあ，5秒間だけ見てもいいようにします。

5秒！？

うーん，分かるかな…。

じゃあ，今から5秒です。よーい，スタート！

1，2，3，4，5とカウントをする。

はい！　教科書を閉じて！　では，一番選んだ人数が少なかった野菜は何？

うーん，ピーマンかな…。

ニガウリじゃない？

どうしてみんなすぐに分からないの？

だって，バラバラになっているもん。

見ることができる時間が短いから，覚えきれないよ。

 じゃあ，短い時間でもすぐに数えられるようにするにはどうしたい？

カードを動かしてもいいの？

 いいですよ！ じゃあ，ペアでどんなアイディアがあるのかを話し合ってみましょう。

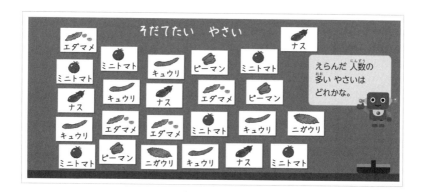

場面｜2

カードの整理の仕方を考える

短い時間でもすぐに数えられるようにするために，ペアでどのようなことを話しましたか？

同じ野菜で集めたい！

トマトはトマトで集める。

集めるだけで見やすい？

ちゃんと並べたい。

縦か横でまっすぐ並べるといいね。

他の子たちもうなずいている。

他の方法もあるよ。

場面 | 3

グラフの完成と理解

実は教科書には見やすく整理をしている方法が載っています。13ページを開けましょう。

そだてたい やさい

やさい	ミニトマト	キュウリ	エダマメ	ナス	ピーマン	ニガウリ
人数（人）	6					

あ！　僕たちが考えていたのと一緒！

あ！　数で書くのもある！

みんなが言っていたように，それぞれの野菜ごとに分けると数えやすくなるね。

野菜のカードを同じ野菜ごとに仲間分けをする。

 仲間分けしたことを表やグラフにかきましょう。

どの野菜を一番多く選んだのか，選んだ野菜が一番少ないかが分かるね。

 じゃあ，選んだ人が一番多い野菜はどれ？

ミニトマトで6人。

 じゃあ，選んだ人が一番少ない野菜はどれ？

ニガウリで2人。

 ピーマンを選んだ人は，ニガウリを選んだ人より何人多いですか？

4人！

表とグラフのよさのまとめ

今日考えてきたことを振り返ります。表，グラフ，それぞれどんなことが分かりやすいか。ノートにその理由も書いてみましょう。

表です。なぜなら数だから分かりやすいです。

グラフです。○の高さで違いがすぐに分かるからです。

そだてたい やさい						
やさい	ミニトマト	キュウリ	エダマメ	ナス	ピーマン	ニガウリ
人数（人）	6	5	4	4	3	2

そだてたい やさい

2年

三角形と四角形

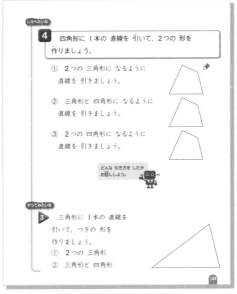

2年上 P.123

四角形を2つの形に分割

次の問題を提示する。

> 形占いをします。
> 四角形に1本の直線を引き，2つの形を作りましょう。
> （　）と（　）の形を作った人は当たりです。

（　）と（　）に何が入ると当たりかは最初は明かさない。

 何の形が当たりになるかは後で言います！

楽しそう！

 この四角形を使います。

次の図形を提示し，子どもたちにもワークシートを配付する。

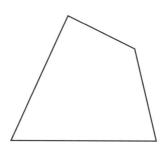

先生！　いろんな形ができそうだよ！

今，いろんな形ができそうという声があったんだけど，いろいろな形があるみたいです。では，1本の直線を引いてみましょう。

時間を取る。

では，2人組になって立ちましょう。

子どもたちが立つ。

2人組になって，どんな形ができたか話をしたら座りましょう。

全員座る。

分割の仕方の発表

 どんな風に直線を引いたのかを全体でお話し
してください。

僕はこのように分けました。

黒板掲示用のプリントに直線を引かせ，掲示する。

 これは（　）と（　）の形になったのかな？

三角形と三角形。

三角形と三角形に分けた人はみんなこの線の
引き方だね。

え！？　違うよ！

うん。他にも引き方はあるよ。

 じゃあ他の線の引き方をしてみてください。

何人か発表させる。

三角形と三角形以外の形になった人はいますか？

 まだあるよ！　僕は，三角形と四角形になりました！

 どんな風に直線を引いたのかな。

黒板掲示用のプリントに直線を引かせ，掲示する。

 三角形と四角形に分けた人はみんなこの線の引き方だね。

 え！？　違うよ！

 うん。他にも引き方はあるよ。

 じゃあ他の線の引き方をしてみてください。

何人か発表させる。

 もうこの2種類の分け方以外はないよね。

 まだあるよ！　私は，四角形と四角形になりました！

どんな風に直線を引いたのかな。

黒板掲示用のプリントに直線を引かせ，掲示する。

 四角形と四角形に分けた人はみんなこの線の引き方だね。

 え！？　違うよ！

 うん。他にも引き方はあるよ。

 じゃあ他の線の引き方をしてみてください。

何人か発表させる。

 もうこれら以外の分け方はないよね。

 うん！　もうないよ！

　このとき，黒板上では，2つの三角形，三角形と四角形，2つの四角形とグループ分けをして掲示する。

 では，当たりですが，当たりは四角形と四角形です！

 やったー！　当たったー！

068

場面 | 3

三角形を2つの形に分割

 今までは四角形で考えてきたんだけど，三角形でも，2つの三角形，三角形と四角形，2つの四角形に分けることができると思う？

うーん。

 実際にどうなるのか試してみましょう。

次の図形を提示し，ワークシートを配付。

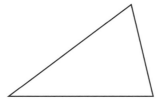

 では，どうなりましたか？ お話をしてください。

2つの三角形，三角形と四角形には分けることができるんだけど。

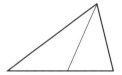 

三角形の場合はどんな分け方をしても，四角形と四角形にはならないよ。

三角形には当たりがないことになっちゃうよ。

形占いができないよね。

本当にそうなる？

この後，直線をいろいろ引かせ，本当にできないことを確認する。

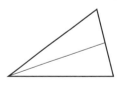 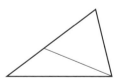

かけ算(3)

2 章

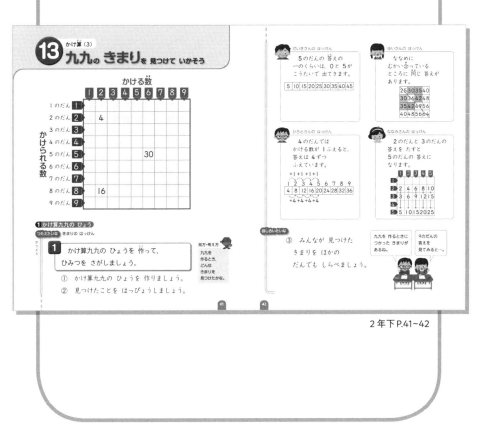

2 年下 P.41~42

教科書の表の完成

教科書に載っている表，そして問題を使う教科書の活用の仕方。

	かける数								
	1	2	3	4	5	6	7	8	9
1 のだん									
2 のだん		4							
3 のだん									
4 のだん									
5 のだん						30			
6 のだん									
7 のだん									
8 のだん		16							
9 のだん									

（表の縦軸は「かけられる数」）

表に載っている4は何×何ですか？

2 × 2。

どうして，2×2って分かるの？　4になる
かけ算は何箇所かあるでしょ？

何箇所かあるけど，この4は2に2がかけら
れるところだもん。

この式は2×2なんだね。じゃあ，2×2のどっちの2がかけられる数，かける数かな？

最初の2がかけられる数，後の2がかける数です。

そうだね。じゃあ，4になるかけ算はあと何箇所ある？

2箇所！

1×4と4×1がある。

表の1×4と4×1のところに4を書いてごらん。

表に書けたか確認をする。

じゃあ，16はどのような式になるかな？

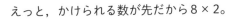えっと，かけられる数が先だから8×2。

そうそう。じゃあ，30は「5×6」，「6×5」のどちらかな。

2
章

5 × 6 ！

そうだね！

　ここまでのやりとりは，表の埋め方を理解させるために行う。

　この後，残りの空欄分を埋めていく。子どもの実態によっては，次のように進める。

今からこの表を埋めていきます。でもまだ不安そうな子がいそうだから，一つの段をみんなで埋めたいと思います。どの段がいい？

7の段。

9の段。

じゃあ，7の段でやってみよう。

　このとき，できれば黒板やテレビ上に表を映し出しておき，一つひとつ確かめながら，表を埋めていく。

では，残りの表を埋めていきましょう。

　表を埋める時間を取る。

場面 | 2

九九表のきまり発見

表を埋め，表を正確に埋めることができているか確認をする。

かける数

	1	2	3	4	5	6	7	8	9
1のだん 1	1	2	3	4	5	6	7	8	9
2のだん 2	2	4	6	8	10	12	14	16	18
3のだん 3	3	6	9	12	15	18	21	24	27
4のだん 4	4	8	12	16	20	24	28	32	36
5のだん 5	5	10	15	20	25	30	35	40	45
6のだん 6	6	12	18	24	30	36	42	48	54
7のだん 7	7	14	21	28	35	42	49	56	63
8のだん 8	8	16	24	32	40	48	56	64	72
9のだん 9	9	18	27	36	45	54	63	71	81

（かけられる数）

じゃあ，この完成した表を元に，どのようなきまりがあるのかを探してみましょう。探したきまりは，ノートに書きましょう。

なかなかきまりを発見することができない子には，次のように投げかける。

なかなか発見ができない子は教科書やノートを見ていいですよ。

考えるためのヒントを与える。友だちと一緒に考えさせてもよい。

自分で発見したことを付箋に書きましょう。

付箋を渡し，見つけたきまりを付箋に書かせる。

グループに分かれてどんなことを発見したのか話をして，付箋を仲間分けしましょう。仲間分けしたものには名前をつけます。

グループで話し合わせながら，取り組ませる。

きまりの発表

班でどんな名前をつけたのか発表してください。

私たちの班は，式いろいろ，ひとりぼっちという名前をつけました。

え！？　ひとりぼっち！？　どんなきまりか気になる。

もしかしたら私たちと似ているのかな。

「ひとりぼっち」とは，25や49など，答が1つしかないことから生まれた。「数が向かい合っている」，「鏡のようになっている」，「5の段は一の位が0と5」などの子どもなりのネーミングが出てくる。時間の許す限り，ネーミングの名前を発表させる。

たくさん考えが出てきましたね。自分たちがネーミングしたきまりが教科書に載っているかを確認して終わります。42ページを見て，確認しましょう。

あ！　僕たちと似ている考えがある！

私たちが思いつかなかった考えがある！

2年

長さ(2)

2年下 P.81~82

1mものさしの必要感を引き出す

次の問題を提示する。

> じゃんけんをして,
> グーで勝てば長い青テープ (30cm), チョキで勝てば普通の青テープ
> (20cm), パーで勝てば短い青テープ (15cm) をもらえます。
> じゃんけんは8回します。

実際にゲームを行う。それぞれの青テープは黒板前に用意する。

> 今,みんなが持っている青テープは何cmに
> なるでしょうか。自分が持っているものさし
> で測ってみましょう。

子どもは15cm, 30cmなどのものさしを持っている。

> うーん,私のは60cmかな。

> 僕のは短くて,測りやすい。

> 私のは長くて面倒だ〜。

> どうして面倒だと思ったの?

だって，30cmものさしを何度も使わないといけないぐらい長いもん。

実は，長いものを測るためにもっと長いものさしがあります。1mものさしです。

1mって聞いたことがある。

ここで，100cmを1mと書き，1メートルと読むことを教える。

1mは100cmです。2mは何cmですか。

200cm。

3mは何cmですか。

300cm。

じゃあ，800cmは何mですか。

えーっと，8m。

うん！　できているね。じゃあ，1mものさしを使う人は使って，長さを測ってみましょう。

この後，子どもたちそれぞれの長さを発表させる。

2
章

1mとの差を考える

先ほどのじゃんけんゲームのルールをアレンジして行う。次の問題を提示する。

> じゃんけんをして，
> グーで勝てば30cm，チョキで勝てば20cm，パーで勝てば15cmテープをもらえます。1mに近い人が勝ちです。
> じゃんけんは8回します。

今度は青テープじゃなく，長さになっている！

最初は1mに近い人が勝ちになっている。

ゲームを行う。

 さぁ，どうなりましたか？　1mぴったりになった人。

手が挙がらない。

1mを超えてしまったよ。

 みんなはどんな長さになったのかな。cmで表してみよう。

自分の記録を表す。

 じゃあ，自分が 1m に近いと思う人！

はーい！

 じゃあ，長さを言ってね。

このとき，下のように数直線を使い，記録を書いていく。

1m = 100cm
90cm   110cm

 90cm と 110cm はどっちが 1m に近いかな？

どっちも一緒だよ。

だって，90cm はあと 10cm で 100cm でしょ。

そうそう。110cm は 100cm に 10cm たした でしょ。

 今，とても大切なことを言いました。110cm は 100m と 10cm なんだよね。

うん。

2
章

100cmは何mだった？

 1m。

 だから，110cmは1m10cmと表すことができます。

 なるほど。

 じゃあ，自分の記録を何m何cmで表してみましょう。

隣同士で確認し，全体で共有する。

 最後に82ページの問題を解きます。

2年下 P.82

問題を解き，答え合わせをする。

　もし時間があれば，問題を解く前に，1mを2mに，8回勝負を10回勝負に変更し，ゲームを行い，自分の記録を何m何cmで表す。

3章

実践例3年

3年

あまりのある
わり算

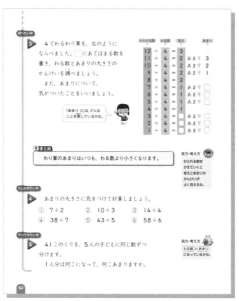

「あまりの数が大きい式」の予想

わり算の式を書いたカードを4枚，黒板に貼る（右図。下から順）。

裏返しなので，子どもたちはまだ式が見えない。

$$8 \div 4$$
$$7 \div 4$$
$$6 \div 4$$
$$5 \div 4$$

4枚のカードを黒板に貼りました。カードをめくると，わり算の式が書いてあります。今から全てめくります。

カードを下（$5 \div 4$）から順にめくる。

さあ，これから4枚のカードをめくります。「あまりの数」が一番大きいのはどの式でしょうか。計算をせずに直感で決めてください。5秒以内です。

直感で決めましたね。では，本当に一番大きかったのか，計算をして確かめてください。

僕は $8 \div 4$ の式が，あまりの数が一番大きいと思います。

私は，$7 \div 4$ の式だと思います。

3
章

あまりの大きさの理由を考える

2つの意見が出ましたね。なぜその式だと思うのですか。

僕は，8 ÷ 4 だと思います。順に計算をして確かめたら，そうなりました。

8 ÷ 4 ＝ 1 あまり 4
7 ÷ 4 ＝ 1 あまり 3
6 ÷ 4 ＝ 1 あまり 2
5 ÷ 4 ＝ 1 あまり 1

おもしろいことに気付きました！　あまりの数が1ずつ増えています！

あまりの数が1ずつ増えているのですね。すごいことに気付きましたね。では，8 ÷ 4 の答えは，「1あまり4」なのですね。

先生。8 ÷ 4 の答えは2です。1あまり4ではありません。

本当だ。8 ÷ 4 の答えは2ですね。わり切れます。私も最初，8 ÷ 4 ＝ 1 あまり 4 と思ってしまいました…。

場面 ｜ 3

調べる範囲の拡張

ここまでの話し合いを整理しますよ。下から順に計算をすると，答えが，「1あまり1」→「1あまり2」→「1あまり3」となったんですね。次は，「1あまり4」ではなく，「2」とわり切れたんですね。

ひょっとしたら，「1あまり4」が答えになる式があるかもしれません。

「1あまり4が答えの式があるかもしれない」というのは，どういう意味ですか。

今は，黒板に4つしか式が並んでいません。もしも，上にずっと伸びていけば，「1あまり4」が答えになる式が出てくるかもしれません。

なるほど！ 8÷4の上に，9÷4，10÷4，…と式が続いていくということですね！

素晴らしいアイディアですね。予想が合っているかどうかは分かりませんが，「もしも」と予想したことは素晴らしいですね。では，4つのわり算の式以外にも，どんどんチャレンジして，答えを確かめてみましょう。

計算して確かめました。あまりの数が，「1」，「2」，「3」より大きくなる式はありませんでした…。

17 ÷ 4 = 4 あまり 1
16 ÷ 4 = 4 （あまり 0）
15 ÷ 4 = 3 あまり 3
14 ÷ 4 = 3 あまり 2
13 ÷ 4 = 3 あまり 1
12 ÷ 4 = 3 （あまり 0）
11 ÷ 4 = 2 あまり 3
10 ÷ 4 = 2 あまり 2
9 ÷ 4 = 2 あまり 1
8 ÷ 4 = 2 （あまり 0）
7 ÷ 4 = 1 あまり 3
6 ÷ 4 = 1 あまり 2
5 ÷ 4 = 1 あまり 1

 本当ですね。あまりが3より大きい数はありませんね。

僕は，わられる数が4よりも小さい数を調べました。

5 ÷ 4 = 1 あまり 1
4 ÷ 4 = 1 （あまり 0）
3 ÷ 4 = 0 あまり 3
2 ÷ 4 = 0 あまり 2
1 ÷ 4 = 0 あまり 1
0 ÷ 4 = 0 （あまり 0）

場面 | 4

あまりのきまりを発見

先生，気付いたことがあります！
あまりの数は，ずっと，「あまり0」→「あまり1」→「あまり2」→「あまり3」…が繰り返されています！

図で考えたら分かりやすいです。

どんな図ですか。

こんな図で考えました。例えば，$7 \div 4$ の図です。

 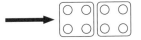

上の図で，4のかたまりを1つ取ると，3つ余ります。でも，8÷4だと，4のかたまりが2つ取れるので，あまりは0になります。

11÷4も同じように図で考えられます。

上の図を見てください。4のかたまりを2つ取ると，あまり3であることが分かります。もしも1増やして，$12 \div 4$ だったら，4のかたまりが3つ取れるので，あまり0です。

なるほど，分かりました！　だから，あまりの数は，0か1か2か3だけで，4はないのですね！

本当ですね。皆さんは，素晴らしい発見をしましたね！　つまり，わり算のあまりの数はいつも，「1，2，3，なし（0）」のいずれかということが分かりましたね。

　教師が，あえて誤概念を言い切ることで，子どもたちの前のめりな姿を引き出す。

先生，そんなことはまだ言えないと思います。今の場合は，4より大きなあまりの数はありませんでしたが…。

そうです！　もしも，わる数が4以外の数だったら，あまりの数が増えるかもしれません。

本当ですか。では，「わる数が4以外のわり算」を確かめてみましょう。

次は，わる数が5の場合を確かめてみたいです。

分かりました。では，皆さんで，「わる数が5の場合」を確かめてみてください。

$$10 \div 5 = 2 （あまり0）$$
$$9 \div 5 = 1 あまり4$$
$$8 \div 5 = 1 あまり3$$
$$7 \div 5 = 1 あまり2$$
$$6 \div 5 = 1 あまり1$$
$$5 \div 5 = 1$$

ノートに思考実験。

わる数が5の場合は，「あまりなし」→「あまり1」→「あまり2」→「あまり3」→「あまり4」…が繰り返されています！

「わり算のあまりの数はいつも，1，2，3。なし（0）」ではありませんでした。わる数が5の場合で確かめたら，あまりが4の場合もありました！

さらに，他の場合も確かめてみましょう。教科書52ページのを見てください。問題が6問載っています。

4 あまりの大きさに気をつけて計算しましょう。
① 7÷2 ② 10÷3 ③ 14÷4
④ 38÷7 ⑤ 43÷5 ⑥ 58÷6

ノートで解いて，あまりの数が他の場合もあるか，確かめましょう。

教科書を開かせず，教師が計算問題6問を板書してもよい。

あまりの数とわる数の関係

気付いたことがあります！　あまりの数に，わる数と同じ数はありません。

あまりの数は，いつもわる数より小さいです。

 では，「あまりのあるわり算」について，皆さんの発見をまとめますよ。

わり算のあまりの数はいつも，わる数より小さくなります。

3年

三角形と角

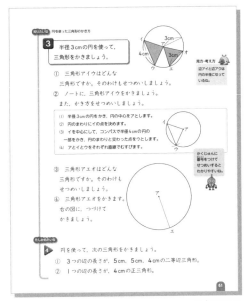

3 年下 P.61

3
章

円の中心と円周上の点を使った三角形の作図

ノートに円をかきます。半径を何cmにしたいですか？

5cmにします。（Kさん）

教科書では半径3cmと指定している（3年下 p.61）。あえて数値を子どもに決めさせる。

Kさんは半径5cmの円をかきます。皆さんは半径の長さを自分で決めて，ノートに円をかきましょう。

黒板にも円をかく（拡大した円）。

黒板に円があります。Mさん，この円の周りの上に，どこか1つ，点を打ってください。

はい。ここにします。

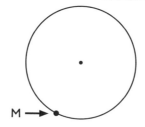

では，先生も1つ，点を打ちます。

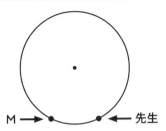

教師は，後に，「二等辺三角形」と見えやすいところに点を打つ。

皆さんもノートに円をかいていますね。その円を使いますよ。黒板の円に，<u>Mさんが打った点</u>の場所と<u>先生が打った点</u>の場所。だいたい同じ場所になるように，皆さんも点を打ってください。

打ちましたか。では，その<u>2つの点</u>と<u>円の中心</u>と，合わせて<u>3つの点</u>がありますね。それを3本の直線で結びましょう。

3
章

二等辺三角形になる理由を考える

三角形ができました。

本当ですか。三角形ができましたか？
あなたがノートにかいたその三角形は，お隣の人と同じような形の三角形かどうか，ノートを見せ合って確かめましょう。

僕たちは2人とも「二等辺三角形」ができました。

こんな偶然があるんですね。クラス全員が二等辺三角形になるなんて。

先生，偶然ではありません！　必ず二等辺三角形ができるのはないでしょうか。

「必ず二等辺三角形ができる」という意見に，皆さんも賛成なのですね。なぜ，「必ず二等辺三角形ができる」のでしょうか。その理由を考えてみましょう。

先生，分かりました！　円の中心から円の周り（円周）まで伸びる直線は，全て円の半径です。だから，三角形の3本の辺のうち2本は，同じ円の半径になっています。

どういうことですか。

円の半径の長さはどれも同じ長さです。このかき方だと，三角形の3本の辺のうち2本は，円の半径になります。2本はどちらも同じ円の半径なので，長さも同じです。だから，この三角形は必ず「二等辺三角形」になります。

円の性質を使って二等辺三角形ができるんだね。このクラスは発見する力がすごいですね。

3
章

「正三角形」の作図ができる理由

実は，皆さんに紹介したいノートがあります。
T君のノートを紹介します。

　T君のノートを全体に見せる。教師は，正三角形に近いノートを探しておく。

　もしも，正三角形がなければ，教師が事前に用意した図を提示する。

T君の三角形は，二等辺三角形に見えません
…。ひょっとして，正三角形？

そうだね。先生は，点を打つ場所を指定していなかったものね。「だいたい，黒板の図と同じ場所に点を打ってください」とお願いしたから，三角形の形がいろいろあってもしょうがないです。でも，確かにT君の図は「正三角形」に見えてしまいます。

T君の三角形は「正三角形」になってしまいました。T君は，何を間違えたのでしょうか。

　「何を間違えたか」と，教師があえて誤りだと言い切り，問いかける。

　子どもたちの，「先生，違います！」という前のめりな姿を引き出す意図がある。

T君は間違えてはいないと思います…。

正三角形ができる場合があります！

 本当ですか。先ほど，みんなで，「円を使えば，二等辺三角形ができる」と確認したところですよ。あれは間違いでしたか。

いえ，二等辺三角形ができるのは正しいです。でも，奇跡の瞬間だけ，正三角形になります。

 奇跡の瞬間？

三角形の底辺と，円の半径の長さを比べます。三角形の底辺の方が長かったら，<u>よこなが二等辺三角形</u>ができます。三角形の底辺の方が短かったら，<u>たてなが二等辺三角形</u>ができます。どちらにしても，二等辺三角形ができます。

ところが，三角形の底辺と円の半径が同じ長さになる，奇跡の瞬間があります。

その奇跡の瞬間だけ，二等辺三角形が正三角形に変身します！

3
章

三角形の3つの辺の長さを等しくするには,
どうすればいいですか?

 ものさしで測ればいいです。

 ものさしで長さを測らなくても,正三角形が
つくれます!

 本当だ! 3本の辺の長さは等しいのだから
…。円の半径と同じ長さのまま,そのコンパ
スで,三角形の底辺をとればいいんです!

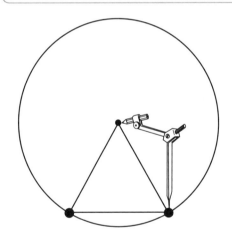

3 年

重さ

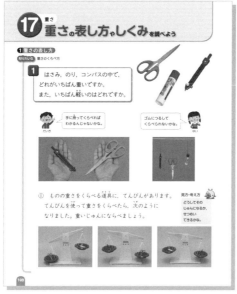

3 年下 P.100

いちばん重い物といちばん軽い物を予想

次の課題を提示する。

> はさみ，のり，コンパスの中で，
> どれが一番重いですか。
> また，一番軽いのはどれですか。

手で持って比べると，はさみが一番重いよう
に感じます。

私はコンパスが一番重いように感じます…。

理科で使った「天秤」があれば比べられるの
に…。

いいアイディアですね。天秤を使って比べま
しょう。

天秤を使った比較

代表の子どもに天秤を使わせて，演示実験をさせる。

実験結果が出ました。重い順に，「はさみ」
→「コンパス」→「のり」となりましたね。
皆さんもそれで納得ですね。

先生，ちょっと待ってください。前に出た3
人の「はさみ・のり・コンパス」と，僕たち
のグループが持つ「はさみ・のり・コンパス」
とでは種類が違います。同じ重さになるとは
限りません。

たしかに，みんなの「コンパス」は，それぞ
れ重さがバラバラだと思います…。どの「コ
ンパス」が一番重いのだろう…。

一番重いのは，「はさみ」かもしれません。
比べるいい方法はないかな。

同じ消しゴムが，たくさんあったらいいのに
な。消しゴムの数で重さを比べられます。

3 章

任意単位を引き出す

なるほど。同じ種類の消しゴムをたくさん使って比べるアイディアですね。<u>重さを数で表すことはできるのでしょうか。</u>

一円玉ならばたくさんあります。

その一円玉をたくさん貸してください。

3人グループごとに天秤を1つずつ配る。一円玉を使って測定活動をさせる。黒板の表に，数を書き込む。

	はさみ	のり	コンパス
A グループ			
B グループ			
C グループ			
D グループ			
E グループ			
F グループ			
G グループ			
H グループ			
I グループ			
J グループ			

Fグループの「コンパス」が，一円玉○枚分
です。一番重いことが分かりました。

一円玉という共通の単位を使うことで，「は
さみ・のり・コンパス」の重さを比べること
ができました。

3
章

普遍単位を知る

 一円玉を使えば，重さを数で表すことができ
ました。

「重さ」って，「長さ」と同じだと思います。「長
さ」のときも，「同じ長さの鉛筆，何本分」
と数で比べました。

 「長さ」には「cm」という共通の単位があり
ました。重さにも共通の単位がありますか。

重さの単位にはグラムがあります。1グラムを1gと書きます。
1円玉1まいの重さは，1gです。

3 年

しりょうの活用

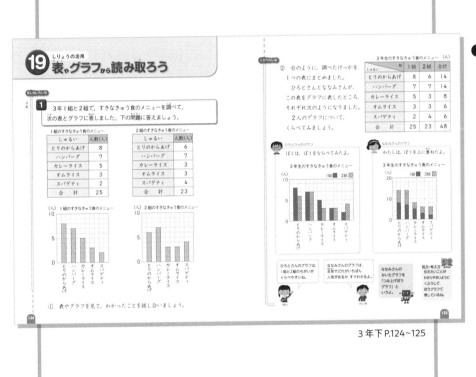

3 年下 P.124~125

「クラスの好きな給食のメニュー」の資料を提示

3年1組の資料を提示する（自分たちのクラスの設定）。

> このクラスの「好きな給食のメニュー」アンケートを取りましたね。それを「表」と「棒グラフ」にそれぞれまとめたのがこの資料でした。前回の算数の時間に作りました。

> 私たち3年1組のアンケート結果は，表と棒グラフの資料で，それぞれ見ました。「隣の3年2組もアンケートを取りたい」，「1組と2組を比べたい」という話までしていました。

> そうでしたね。先生が実は，2組のアンケートも取っておきました。2組の棒グラフだけ見せます（表は見せない）。

　3年2組の棒グラフを提示する。ただし，黒板の端に貼り，あえて1組と比較しにくくする。また，棒グラフの目盛りの数も抜いておく。

2つの棒グラフから分かることを読み解く

2つの棒グラフはどちらも，「1目盛り1人」は同じです。

先生，これでは，2つの棒グラフが離れていて比べられません。近づけてもいいですか。

離れたこのままでも分かることはありませんか。

2組の1位が「ハンバーグ」ということは分かります。1組の1位は「とりのからあげ」だったので，結果が違います。

2組の最下位が「カレーライス」と「オムライス」ということも分かります。棒の長さが同じだから，最下位の項目が2つあります。でも，人数は分かりにくいので，1組と比べられません。比べるいい方法はないかな…。

3
章

2つの棒グラフを，比較検討する（棒を移動させるアイディア）

棒グラフの台紙は動かさない代わりに，グラフの棒の部分だけは動かしてもいいことにします。

グラフの棒だけ動かせるとしたら…。いいことを思いつきました。1組の棒の横に，2組の棒を並べたらいいです！

2組の1位のハンバーグは，1組の2位のハンバーグ（7人）と棒を並べて比べることで，人数が分かるかもしれません！

　グラフの棒だけを，項目ごとに隣に並べる活動。指名した子どもに黒板上で操作させる。

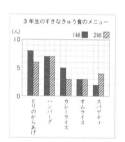

先生，おもしろいです。2組で1位だったハンバーグは，1組で2位のハンバーグと同じ人数でした。

オムライスの人数も同じです。

棒を並べるのは素晴らしいアイディアですね。では，棒を並べて気付いたことや分かったことはほかにありますか。それらをノートに書きましょう。

場面 | 4

3年生全体（2クラス）の「好きな給食のメニュー」を表す

皆さん，考えてください。1組と2組を合わせて一番人気のある給食のメニューは何でしょう。

ハンバーグか，とりのからあげか，どちらかです。計算をしたら分かります。

計算をしなくても，グラフの棒を，縦に積み上げたら分かります！

それも素晴らしいアイディアですね。では，グラフの棒だけを動かしてみましょう。

「好きな給食のメニュー」のグラフの棒を，縦に積み上げさせる。
指名した子どもに，黒板上で操作させる。

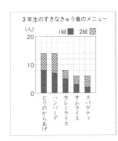

グラフの中におさまらなかったので，1目盛り2人で表しました。

とりのからあげと，ハンバーグが，同数で1位であることが分かりました。

オムライスとスパゲティも，同数で3位です。

場面 | 5

ふりかえる場面

 では，今日の学習をふりかえります。ふりか
えりの文章をノートにかきましょう。

数人指名して，ふりかえりを読ませ，紹介する。

4章

実践例 4年

4年

(2けた)÷(1けた) の計算

4年上 P.38~39

114

既習・未習のわり算の仲間分け

次の課題を提示する。

> 色紙を 3 人で等しく分けて，1 人分のまい数を求めます。
> 何色の色紙から，分けますか？

教科書の一部を隠して問題を提示する。

僕は赤。27なら，簡単にわり算ができる。暗算でできる。

私は黄色。36枚だったら，絵を見ればすぐに分けられる。黄色は，束になっているから，赤色のように数えなくてもいい。

青色は，数が多すぎる。分けられない。

青色は10のかたまりが1つ余ってしまう。

 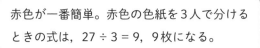 一番分かりやすい色紙から，分けていきましょう。

赤色が一番簡単。赤色の色紙を3人で分けるときの式は，27 ÷ 3 = 9，9枚になる。

  次は，黄色を分けましょう。

式は，36 ÷ 3。

この計算は，まだ習っていないけれど，36枚を，30枚と6枚に分ければいい。

　30枚を3人で分けると，30 ÷ 3 = 10

　6枚を3人で分けると，6 ÷ 3 = 2

だから，10 + 2 = 12で，1人分は，12枚になる。

青い色紙の48枚は，分けられませんか？

絵にかけば分かるかもしれない。

黄色の色紙のようにうまく分けられないから困る。

青い色紙も，3つに分けてみたい。

4
章

48 ÷ 3の計算方法を考える

次の課題を提示する。

> 48まいの色紙を3人で等しく分けて，1人分のまい数を求めます。
> 1人分は，何まいになりますか？

式は，48 ÷ 3になる。

絵をかけば，分かるかもしれない。

 48枚の折り紙の絵をみんなでかいてみましょう。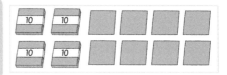

3の段は，3 × 9 = 27が一番大きい。48は大きすぎる。

48枚は，40枚と8枚に分けても，うまく3人で分けられない。

でも，知っている九九を使えばできると思う。

例えば，答えが48になる九九は，8 × 6 = 48だから…。

そうか、「48 ÷ 6 = 8」だから、6 人なら、8 枚ずつ分けられる。

だったら、3 × 8 = 24 という九九も使える。24 ÷ 3 = 8 になる。

48 枚を半分の 24 枚と 24 枚に分けてもできると思う。

「48」をうまく分ければできるかもしれない。

たとえば、「48」は「30」と「18」に分けられる。どちらも 3 でわれるから、別々に計算して、後でたせばいい。

48 ÷ 3 も、今まで勉強してきたことを使えばできそうだ。

次の課題を提示する。

48 ÷ 3 の答えの求め方を、今まで勉強したことを使って説明しよう。

式だけでなく、図を使って分かりやすく説明しましょう。

ノートに考えを書かせる。

48 ÷ 3 の計算方法の発表

それでは，考えたことを発表します。

僕は，答えが 48 になる「8 × 6」をもとにして考えました。

まず，48 枚を 6 つに等しく分けました。48 ÷ 3 はできないけれど，48 ÷ 6 なら，答えを見つけられるでしょう。

6 つに分けると「48 ÷ 6 = 8」で 8 枚ずつになるけれど，それをどうしたの？

6 つに分けたのを 2 つずつ合わせて，3 人で分けた。

ブロックの絵を使って説明。

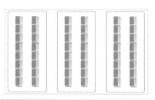

そうか，そうすれば 3 人に等しく分けられる。

式は，48 ÷ 6 = 8，8 × 2 = 16 になるね。答えは，16 枚だ。

私は，8 × 3 ＝ 24 という九九を使い「24 ÷ 3 ＝ 8」で考えた。

まず，48を2つに分けて，「24」と「24」にしました。

絵にかくとこうなるね。

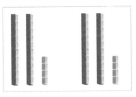

そうか，「24」なら3でわれるもんね。

24 ÷ 3 ＝ 8 だから，

48 ⟨ 24 ÷ 3 ＝ 8 ／ 24 ÷ 3 ＝ 8 　　になる。

8が2つで8 × 2 ＝ 16。答えは，16枚だ。

僕は，48を，40と8でなく，30と18に分けました。

まず，まとまっている10のたば3つを3人に分けました。

48枚のうち，まず30枚を分けたんだね。

のこりをどうするの？

のこりは18枚だから，それを3人で分ければいい。

そうか18 ÷ 3 = 6になるんだね。

式は，

$$48 \begin{cases} 30 ÷ 3 = 10 \\ 18 ÷ 3 = 6 \end{cases}$$ で10 + 6になる。

絵にかくとこうなる。

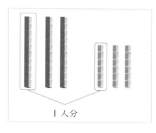

 まだ習っていない48 ÷ 3の問題も，今まで勉強したことを使って説明することができました。

場面 ｜ 4

ノートに解き方をまとめる

> 56 ÷ 4 の計算の仕方をノートに書きましょう。

> ノートに自分の考えを書く。

4 年上 p.41 を参考にする。

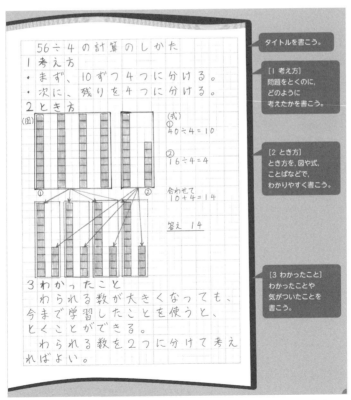

4 年上 P.41

4年

直方体と立方体
（展開図）

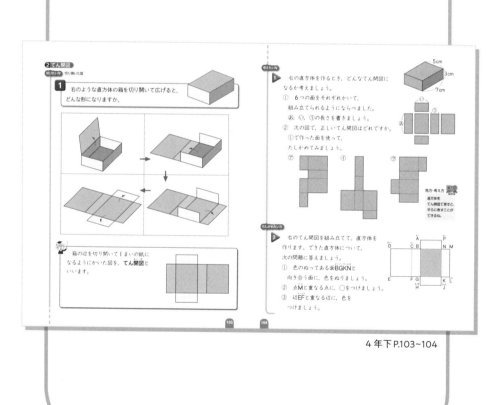

4年下 P.103~104

124

直方体を開いた形を考える

次の課題を提示する。

> 右のような直方体を切り開いて広げると，
> どんな形になりますか。

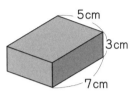

5cm
3cm
7cm

> 箱を開くと，1枚の紙になるよ。

> ダンボール箱も，開くと平らになる。資源回
> 収のとき，平らにしている。

> 1枚の紙になるか切り開いてみましょう。ど
> こから切りますか？

> 上の面から切ればいい。

> 3つの辺を切って開いてみるといい。

> 7cmの辺を1つと，5cmの辺を2つ切る。

実物を切り開く。

ふたが開いた。中が見える。

もう1つの7cmの辺も，切ってしまうと，長方形が離れてしまう。

次に縦の3cmの辺を4つ切れば，平らに広がる。

実物を切り開く。

まず右と左を広げる。

次に，前と後ろを広げると…，平らな紙になる。

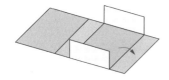 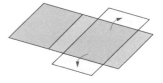

1枚のつながった紙になった。6つの長方形でできている。

箱の辺を切り開いて1枚の紙になるようにかいた図を,『展開図』と言います。

先生,展開図はこれだけなの?

切り開くところを変えると,こんな形にもなる。

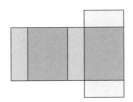

この形も,組み立てるともとの直方体になるから展開図と言っていい。

まだ他にも,この直方体の展開図がありそうだ!

この6枚の長方形をつなげれば,他の展開図が作れそうだ。

4
章

他のタイプの展開図を考える

次の課題を提示する。

6枚の長方形をつないで，いろいろな長方形の展開図を作ろう。

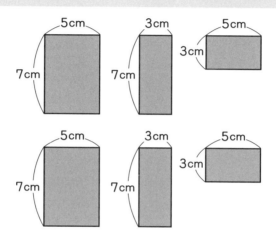

この6枚の長方形を児童に配る。子どもたちは，配られた長方形をつなげて，展開図を考える。

 どんな展開図ができましたか。

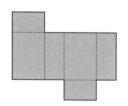

 私は，このように（左図）つなげてみました。後ろの壁の位置を変えたけれど，これでもできると思います。

壁やふたは付けるところを変えても展開図ができる。

これなら，もっといろいろな展開図ができそうだ。

僕は，こんな展開図（左図）を作りました。底を細長い長方形にして考えてみました。

これでもできる。

これも，同じ長さのところをつないである。

いろいろな展開図ができそう。

同じ直方体の展開図がたくさんできそうですね。

子どもたちは，他の展開図をノートに作図する。

4
章

これは，直方体の展開図でしょうか？

間違いの例を提示する。

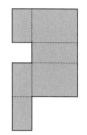

あれ，おかしい。同じ形が3つある。

3cm × 5cmの長方形が3つある。

一番下の長方形を3cm × 7cmの長方形に変えればできる。

まだ，変だよ。

組み立てると重なってしまうところがある。

左上の3cm × 5cmの長方形を右上に動かすと展開図になる。

展開図にできる置き方と，できない置き方がある。

場面 | 3

展開図の作り方のまとめ

展開図の作り方をノートにまとめましょう。

同じ形の長方形を 2 つずつ作って（使って），つなげるとできる。

長さの同じところをつなげるようにする。

組み立てたとき重ならないように気をつけて並べると展開図ができる。

展開図は 1 つではない。1 つの直方体の展開図は，たくさんある。

残りの時間は，教科書 4 年下 p.104 の ▷ に取り組ませる。

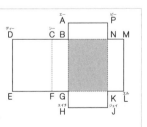

2 右のてん開図を組み立てて，直方体を作ります。できた直方体について，次の問題に答えましょう。

① 色のぬってある面 BGKN と向き合う面に，色をぬりましょう。

② 点 M と重なる点に，○をつけましょう。

③ 辺 EF と重なる辺に，色をつけましょう。

4 年下 P.104

４年

ともなって
変わる量
（だんの数とまわりの長さ）

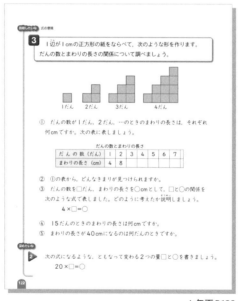

４年下 P.122

132

段数とまわりの長さの関係性の発見

次の課題を提示する。

> 1辺が1cmの正方形をならべて，次の形を作ります。
> まわりの長さは何cmでしょう。

 1段目の形です。まわりの長さは，何cmでしょう。
1だん

簡単，1辺1cmだから，1×4で4cmです。

 これが，2段目の形です。まわりの長さは，何cmでしょう。
2だん

正方形が3つになった。階段の形だ。

下の辺は2cmになる。右の縦の長さも2cmになる。

階段になっている左側の縦の長さは，1cmが2つある。

上にもまだ，数えてない1cmの辺が2つある。

133

全部で8cmだ。2段が，3段になってもでき
そうだ！

3段目の形は，この形です。まわりの長さは，
何cmでしょう。

3だん

きっと，12cmだよ。だって1段で4cm，2
段で8cmだから3段では，12cmになる。

昨日勉強した表を書くといい。

だんの数とまわりの長さ

だんの数（だん）	1	2	3	4	5	6	7
まわりの長さ（cm）	4	8	12				

+4　+4

段の数が1段増えると4cmずつ増えている。
2段のときが8cmだから，8 + 4で，12
答え12cm。

前の段のまわりの数に4cmをたすと次の段
のまわりの長さになる。

4，8，12，…と増えている。

4cmに「段の数」をかけると「まわりの長さ」になる。

言葉の式にすると？

4 ×（だんの数）＝（まわりの長さ）になる。

僕は，図からまわりの長さを求めた。下の辺が3cm，右の辺が3cmになる。左側は1cmが3つで3cmになる。上も1cmが3つで3cmになる。

3cmが上下，左右に4つあるから，3×4で12cm。

段の形のまわりの長さは，正方形のまわりの長さと同じ。

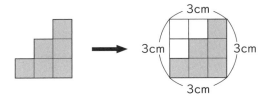

正方形は，（1辺の長さ）×4で，まわりの長さになる。

4
章

135

段の形の段の数は，正方形の1辺の長さと同じだから。

言葉の式にすると4×（だんの数）＝（まわりの長さ）になる。

この表を使えば，4段や5段のときも分かる。

 みんなで，4段のときや，5の段のときも求めましょう。

だんの数とまわりの長さ

だんの数（だん）	1	2	3	4	5	6	7
まわりの長さ（cm）	4	8	12	16	20	24	28

私は，4ずつたしていった。

僕は，4の段のかけ算を使った。

もっと数が増えても，まわりの長さを求めることができる。

場面 │ 2

15段のまわりの長さを考える

この形，15段のときのまわりの長さは何cm でしょう。

絵をかけばできる。でも，15段もかくのは 面倒。

表をつなげればできる。

かけ算の式を使えばすぐできる。

皆さんはどのやり方でやりますか？

式でやる。簡単で，すぐ答えが出る。でも， 本当に答えが正しいか心配。

表でやる。確実に分かる。

実際にかいて数えてみたい。

自分が選んだやり方でやってみましょう。

ノートに自分の考えを書く。

まわりの長さをどうやって求めましたか。

式で考えました。言葉の式の段の数に15を
入れる。

  $4 \times 15 = 60$

  $15 \times 4 = 60$

60cmになる。

表でやった。

だんの数とまわりの長さ

だんの数（だん）	1	2	3	4	5	6	7	8	9	10	11	12	13	14	15
まわりの長さ（cm）	4	8	12	16	20	24	28	32	36	40	44	48	52	56	60

表をつなげていった。4ずつたしていった。

答えは，式のときと同じように60cmになった。

面倒だけど，確実に分かる。

実際の図形をかいた。

図をかく子がいなかった場合は,

 実際の図で，本当に60cmになるか確かめて
みましょう。

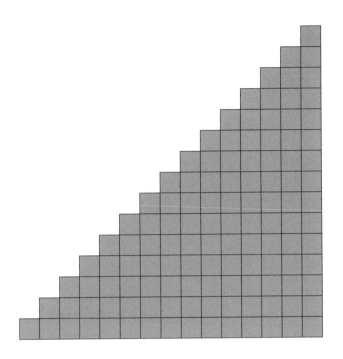

右も左も上も下も 15cm になるから，15 × 4 = 60

これなら，式を使えば，何段になってもまわりの長さを求められる。

100 段なら 400cm になる。200 段なら 800cm，8m になる。

4
章

段数とまわりの長さのきまりのまとめ

今日の勉強で段の数から，まわりの長さを求めました。段の数がどんなに大きくなっても，まわりの長さを求められるようになりました。どんな考えをしたから，大きな数でも求められるようになったかを，ノートにまとめましょう。

表も便利だけれど，表から式を見つけると，式に数字を入れるだけで，どんな数でも求められるようになる。

式を見つけると便利になる。

まわりの長さが40cmの段数を考える（練習）

まわりの長さが40cmになるのは，何段のときですか。

今度は，逆になっている。

今までは，段の数からまわりの長さを求めていたけど，まわりの長さから，段の数を求める問題になっている。

段の数に4をかけるとまわりの長さになるのだから，逆にまわりの長さを4でわれば段の数になる。

$40 ÷ 4 = 10$だから，答えは，10段になる。

4
章

4年

しりょうの活用

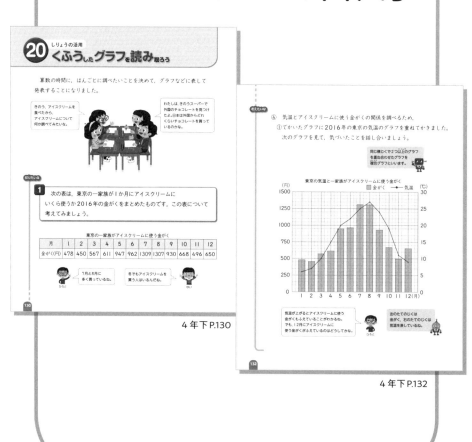

4年下 P.130

4年下 P.132

142

アイスクリームに使う金額の予想

次の課題を提示する。

> 次の表は，東京の一家族が1か月にアイスクリームにいくら使うかをま
> とめたものです。

表の一部を提示する。

東京の一家族がアイスクリームに使う金がく

月	1	2	3	4	5	6	7	8	9	10	11	12
金がく（円）	478											

> 東京の一家族は，1月に平均で478円アイス
> を買うそうです。

> 多分，うちはもっとたくさんアイスを買うと
> 思う。

> 2月は，寒いから，金額は減ると思う。

> 7月や8月は，たくさんアイスを買うと思う。

> 2月は，…450円。

4
章

東京の一家族がアイスクリームに使う金がく

月	1	2	3	4	5	6	7	8	9	10	11	12
金がく（円）	478	450										

やっぱり減った。2月は寒いから。

3月は増えると思う。暖かくなってくるから，
アイスも食べたくなる。

3月は，…567円。

東京の一家族がアイスクリームに使う金がく

月	1	2	3	4	5	6	7	8	9	10	11	12
金がく（円）	478	450	567									

やっぱり増えた。100円も増えた。

暖かくなると，アイスもたくさん買うように
なると思う。

4〜6月を提示する。

東京の一家族がアイスクリームに使う金がく

月	1	2	3	4	5	6	7	8	9	10	11	12
金がく（円）	478	450	567	611	947	962						

4月に比べて，5月，6月はうんと増える。

7月，8月はもっと増えると思う。

7月，8月を提示する。

東京の一家族がアイスクリームに使う金がく

月	1	2	3	4	5	6	7	8	9	10	11	12
金がく（円）	478	450	567	611	947	962	1309	1307				

すごい，1000円を超えた。1300円も買っている。

やっぱり暑いとたくさん買うようになる。

9月は，減ると思う。6月と同じくらいになる。

12月までどんどん減っていくと思う。

4
章

12月まで全てのデータの提示をする。

東京の一家族がアイスクリームに使う金がく

月	1	2	3	4	5	6	7	8	9	10	11	12
金がく（円）	478	450	567	611	947	962	1309	1307	930	668	496	650

あれ？　12月が増えている。

なんで12月が増えるのかな？

11月が496円で，1月が478円だから，12月も400円台になると思った。

表のグラフ化

子どもから生まれた，表の分かりにくさを指摘する声を取り上げる。

表のままだと，分かりにくいから，グラフで表したい。

12月は，11月や1月に比べて気温が高いのかな？

東京の気温も調べてみたい。

12月の気温が，11月や1月と比べて高いかどうか調べたい。

子どもの意見を板書する。

東京の 12 月の気温を調べたい。1 月や 11 月の気温と比べたい。

まず，「東京の一家族がアイスクリームに使う金額」の表を，グラフに表してみましょう。教科書131ページを開きましょう。

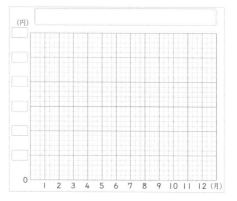

折れ線グラフでかくのかな？　それとも，棒グラフ？

変化を見るなら折れ線グラフだけれど，金額だから棒グラフかな？

棒グラフでかけばいいと思う。（教科書には，棒グラフに表すと表記あり）

教科書に棒グラフをかく。

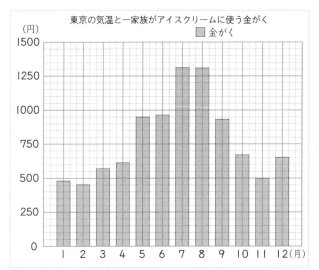

やっぱり，12月のところが増えている。

東京の気温を調べてみたい。

月別平均気温のグラフ化

これは，東京都の平均気温です。

東京の気温

月	1	2	3	4	5	6	7	8	9	10	11	12
平均気温（℃）	6	7	10	15	20	22	25	27	24	19	11	9

気温が上がると，アイスクリームを買う量が増えるし，気温が下がると，アイスクリームに使う金額が減る。

12月は，11月より気温が低いのに，たくさん買っている。

なんで，12月は，アイスを買うことが多いのかな？

これも，数字で表した「表」だと分かりにくいから，グラフで表したい。

気温もグラフに表してみましょう。

気温も，さっきの棒グラフに表すと，比べやすくなる。

気温は，折れ線グラフでしょう。

折れ線グラフにすると見やすいかもしれない。

 さっきのグラフに，気温を折れ線グラフで表してみましょう。

先程の教科書のグラフに気温の折れ線グラフを記入する。

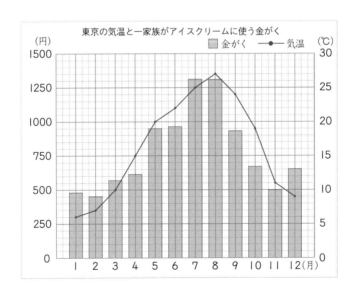

4
章

だいたい，気温とアイスクリームに使う金額は同じように変化している。

12月，1月，2月は，気温が低い割に，たくさんアイスクリームを買っている。

寒いときも，暖かい部屋で，アイスを食べることがあるね。

12月はクリスマスもあるし，アイスをたくさん食べると思う。

場面 | 4

グラフのよさをまとめる

グラフに表すと，気温が上がるとアイスクリームに使う金額が多くなることがよく分かる。

冬の寒いときも，アイスクリームに使う金額が増える月があることが分かる。

 同じ横軸で，2つ以上のグラフを重ねたグラフを複合グラフと言います。

 今日勉強したことをノートに書きます。

気温とアイスクリームに使う金額には，関係があることが分かった。

気温が上がれば，たくさんアイスクリームを買うようになる。

アイスクリームは，寒いときも，温かい部屋で食べることがあるので，1月や2月にも，気温が低い割にたくさん買っている。

4章

アイスクリームだけでなく，ほかのお菓子も調べてみたい。

チョコレートは，夏は少なくなるのではないかな？

和菓子のようかんや大福なんかは，いつ買うのかな？

 次の時間，調べてみましょう。

5章

実践例 5年

5年

合同な図形
（合同な図形のかき方）

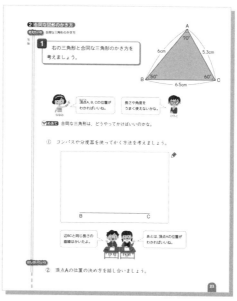

5年上 P.23

154

場面 | 1

頂点Aの位置を決める方法を考える

三角形の全ての構成要素がなくても，合同な三角形をかくことができることに気付かせる。そこで，辺BCの長さだけを示した三角形ABCを黒板に示す。

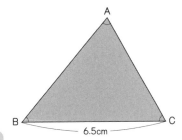

> 三角形ABCと合同な三角形をノートにかきましょう。

> 辺BCの長さだけでは三角形はかけません。

> なぜかけないのですか？

> 頂点Aを決めないとかけないからです。

頂点Aの位置を決める必要性を共有する。

> 辺BCの長さだけでは合同な三角形がかけないのですね。では，頂点Aの位置を決めるには他にどの情報があればいいか考えましょう。

> 角の大きさでもいいのですか。

> 辺の長さや角の大きさでもいいです。次にほしい情報を1つ決めましょう。

2つ目の情報（三角形の構成要素）を考える

　合同な三角形をかくために「辺BCの長さ」に続く2つ目の情報を考えさせ，ノートに書かせる。

 2つ目の情報を決めましたか？　では，みんなが決めた情報を順番に教えます。まず，辺ABの長さの情報を選んだ人？

 はい。

 前に集まってください。

　辺ABの長さを選んだ子どもだけを前に集め，数値を教える。その際，数値は 6cm などカードに書き，他を選んだ子どもには分からないようにするとよい。

　以下，同じように「辺ACの長さ」，「角Bの大きさ」，「角Cの大きさ」，「角Aの大きさ」を選んだ子どもにそれぞれの数値を教える。

場面 ｜ 3

3つ目の情報（三角形の構成要素）を考える

合同な三角形はかけましたか。

まだかけません。

あと1つの情報があればかけそうです。

では3つ目の情報を決めましょう。

3つの情報（構成要素）で三角形がかけるのではないか，と意識させる。

3つ目の情報を決めましたか？　では，みんなが決めた情報を順番に教えます。まず，辺ABの長さの情報を選んだ人？

はい。

前に集まってください。

　2つ目と同じように教卓付近に「辺ACの長さ」，「角Bの大きさ」，「角Cの大きさ」，「角Aの大きさ」を選んだ子どもをそれぞれ集め，情報を教える。

　その際，2つ目に角Aを選んだ子どもがいれば，3つの情報だけでは書けないことに気付かせ，選び直させるとよい。

合同な三角形がかけましたか。

かけました。

 3つの情報で合同な三角形をかくことができましたね。では，みんながどの情報を選んだか整理しましょう。

それぞれ選んだ情報を聞き，図で確認しながら以下のように整理する。

まとめ

　合同な三角形は，3つの辺の長さと3つの角の大きさのうち，次の㋐，㋑，㋒のどれか1つがわかればかくことができます。

㋐　3つの辺の長さ

㋑　2つの辺の長さとその間の角の大きさ

㋒　1つの辺の長さとその両はしの角の大きさ

5年上 P.26

① 辺BCと辺ABの長さ，辺ACの長さを選んだ人…3つの辺の長さ

② 辺BCと角Bの大きさ，辺ABの長さを選んだ人・辺BCと角Cの大きさ，辺ACの長さを選んだ人…2つの辺の長さとその間の角の大きさ

③ 辺BCと角Bの大きさ，角Cの大きさを選んだ人…1つの辺の長さとその両はしの角の大きさ

場面 | 4

かき方の共有

 それぞれのかき方の手順を説明してください。

> まず，点 B を中心にして，半径 6cm の円の一部をかきます。次に点 C を中心として，半径 5.3cm の円の一部をかきます。2 つの円が交わったところが頂点 A です。

> まず，角 B が 50° になるように直線を引きます。次に点 B を中心として，その直線上に半径 6cm の円の一部をかきます。直線と円が交わったところが頂点 A です。

> まず，角 B が 50° になるように直線を引きます。次に角 C が 60° になるように直線を引きます。2 つの直線が交わったところが頂点 A です。

5
章

それぞれ 5 年上 p.24〜25 の
- ・ななみさんのかき方（3 つの辺の長さ）
- ・だいきさんのかき方（2 つの辺の長さとその間の角の大きさ）
- ・ゆいさんのかき方（1 つの辺の長さとその両端の角の大きさ）

を参考に説明させる。隣同士ペアでそれぞれのかき方の説明をさせるとよい。

5年

小数のわり算

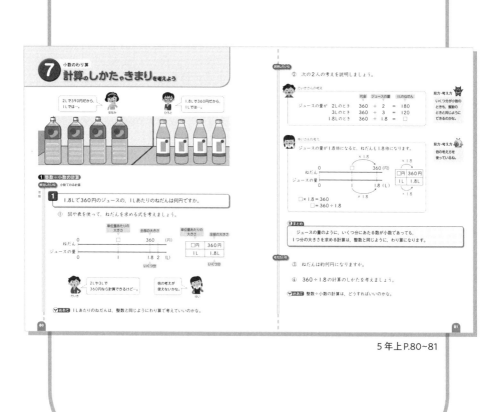

5年上 P.80~81

160

場面 │ 1

1L当たりを求める立式を考える

次の課題を提示する。

> 2Lで390円のジュースと1.8Lで360円のジュースでは，どちらを買う方が得ですか。

1L当たりの値段が分かれば，比べることができそうです。

1L当たりの値段を求めよう。

2Lで390円だから，390 ÷ 2 = 195で，1L当たり195円です。

1.8Lのジュースは，小数でわっても1L当たりの値段が求められるのかな。

図や表で表して考えましょう。

1.8Lで360円だから1.8の上が360です。

 1Lの値段を求めるから，1の上が□です。

	単位量あたりの大きさ	全部の大きさ	
ねだん	0	□	360 (円)
ジュースの量	0	1	1.8 2 (L)

いくつ分

単位量あたりの大きさ	全部の大きさ
□円	360円
1L	1.8L

いくつ分

 1.8Lは1Lの1.8倍だから，□の1.8倍が360円になります。

2Lだったら360 ÷ 2で計算できるのにな。

1L当たりを求める除法の小数への拡張

> 1L当たりの値段を求めるときは，整数と同じようにわり算で考えていいのかな。

　小数でわった結果は整数と同じように，1つ分の大きさであることを様々な図や言葉，式で考えさせる。

　だいきさんの考え
…整数のときと同じように
考える。

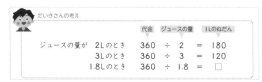

だいきさんの考え

	代金		ジュースの量		1Lのねだん
ジュースの量が　2Lのとき	360	÷	2	=	180
3Lのとき	360	÷	3	=	120
1.8Lのとき	360	÷	1.8	=	□

> もし，ジュースが2Lや3Lで360円だったら，どんな式になるでしょうか。

> 360 ÷ 2 = 180，360 ÷ 3 = 120です。

> 言葉の式で表してみましょう。

> （代金）÷（ジュースの量）＝（1Lのねだん）です。

> 単位量当たりの大きさの学習でも1当たりの大きさを求めるときはわり算を使いました。

> いくつ分が小数のときでも整数と同じように考えると360 ÷ 1.8の式でいいと思います。

場面 ｜ 3

小数の乗法（倍）との比較

ゆいさんの考え…倍の考え

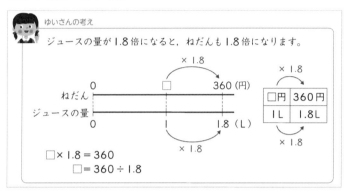

 小数のかけ算でも数直線で考えましたね。比べて違いを考えましょう。

□の場所が違います。かけ算は1の大きさが分かっていました。

小数のかけ算の図とどこが違うか考えさせる。

 値段とジュースはどのような関係ですか。

値段とジュースの量は比例しています。

値段とジュースの量が比例関係になっていることを理解させる。

ジュースの量が1.8倍になると，値段も1.8倍になります。

式で表すと，□ × 1.8 = 360 です。だから，□を求める式は 360 ÷ 1.8 = □ となります。

4マス関係表で表すと分かりやすいです。

数直線を4マス関係表で表してみましょう。4マス関係表の説明をしてください。

1Lの1.8倍は1.8L です。
　1 × 1.8 = 1.8
だから値段も1.8倍となるから，□ × 1.8 = 360 です。

4マス関係表の矢印を反対に見ることもできます。下のマスのジュースの量，1.8を同じ数の1.8でわると 1.8 ÷ 1.8 = 1 となります。上のマスの値段も下のマスと同じように1.8でわると 360 ÷ 1.8 = □ となります。

数直線図と4マス関係表を関連付けて理解できるようにする。

4マス関係表は，矢印の向きによってかけ算やわり算で考えることができますね。

164

場面 | 4

1つ分の大きさの求め方のまとめ

ジュースの量のように，いくつ分にあたる数が小数であっても，1つ分の大きさを求める計算は，整数と同じように，わり算になります。

360 ÷ 1.8の計算はどうすればいいのかな。

5
章

5年

割合(1)

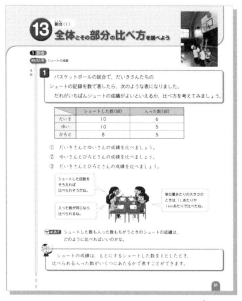

5 年下 P.31

シュート場面のイメージ化

　3人のシュートの成績を成功は□，失敗は■で色分けしたタイルを貼って
いく。

> だれが一番シュートの成績がよいと言えるで
> しょうか。

```
だいき　□■
ゆい
ひろと
```

シュートの成績を□■のタイルで1本ごと表示していく。

> だいきさんの3本目は成功です！　4本目は
> 惜しくも失敗！　気を取り直して5本目は，
> …成功です！…

ひろとさんまでシュートの成績を□■のタイルで表示する。

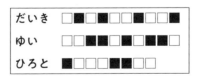

5
章

比べやすさと比べにくさの明確化

だれが一番シュートの成績がよいですか。

だいきさんは10本中6本，ゆいさんは10本中5本，ひろとさんは8本中5本。

だいきさんとゆいさんではどちらもシュートした数が10本で同じだから，だいきさんの方が成績はいいと言える。

シュートした数が同じ場合は入った本数の差で比べることができるね。

ゆいさんとひろとさんは入った数がどちらも5本で同じだから，シュートした数が少ないひろとさんの方が成績がいいと言える。

入った数が同じ場合はシュートした数の差で比べることができるね。

だいきさんとひろとさんはシュートした数が違うから比べられないな。

場面 | 3

シュートした数が異なる場合の比較方法を考える

だいきさんとひろとさんの比べ方を考えよう。

だいきさんは 10 回中 6 回入った。

分数で表すと $\frac{6}{10}$。

分母や分子は何を表しているのかな。

分母の 10 はシュートした数です。

分子の 6 はシュートが入った数です。

ひろとさんは 8 回中 5 回入った。

分数で表すと $\frac{5}{8}$。

$\frac{6}{10}$ と $\frac{5}{8}$ を通分して大きさを比べると，$\frac{24}{40}$ と $\frac{25}{40}$ で，ひろとさんの方が数が大きい。

どちらもシュートを 40 回に揃えたとしたら，入った数が 24 回と 25 回とみることができるということですね。

169

$\dfrac{6}{10}$ と $\dfrac{5}{8}$ を小数に直して考えました。

$\dfrac{6}{10} = 6 \div 10 = 0.6,$ $\dfrac{5}{8} = 5 \div 8 = 0.625$

この0.6や0.625は何を表してるのかな？

分数で表した $\dfrac{5}{8}$ だったら，8回中5本入ったということだけど…。

もし，8回中8回や10回中10回など全部シュートが入った場合は分数や小数はどうなるかな。

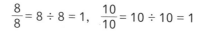

$\dfrac{8}{8} = 8 \div 8 = 1,$ $\dfrac{10}{10} = 10 \div 10 = 1$

百発百中だね。

　『百発百中』，『満点』など，1を表現する子どもの言葉を取り上げ，基準量の概念の理解につなげる。

反対に全部シュートが入らなかったらどうなるのかな。

だいきさんは $\dfrac{0}{10} = 0 \div 10 = 0$，ひろとさんは $\dfrac{0}{8} = 0 \div 8 = 0$で，どちらも0になりました。

割合の見方のまとめ

> シュートの成績は一番低くて0，一番高い成績は1と言えます。ゆいさんのシュートの成績は10回中5回で半分入っています。分数では$\frac{5}{10}$，小数では$5 \div 10 = 0.5$です。3人の成績を図で表しましょう。

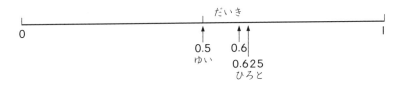

だいき

0 ・・・ 1

0.5
ゆい

0.6
0.625
ひろと

🤔まとめ

シュートの成績は，シュートした数をもとにする量(全体の量)，入った数を比べられる量(部分の量)と考えると，次の式で表すことができます。

シュートの成績＝入った数÷シュートした数

$$= \frac{入った数}{シュートした数}$$

シュートした数(全体の量)
入った数(部分の量)

5年下P.32

5
章

> シュートの成績を表す数は0〜1までの数です。

> 自分のシュートの成績を出してみたいな。まず，分数で表すと式が考えやすいな。

> (入った数)÷(シュートした数)で出せるね。

171

図形の面積

5年下 P.42

場面 | 1

辺の長さが同じ長方形と平行四辺形の面積の比較

厚紙で枠を作り，動かすことができる長方形を示す。

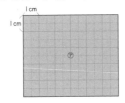
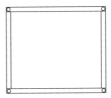

これは縦の長さが5cm，横の長さが6cmの長方形です。面積を求めましょう。

5 × 6 = 30で，30cm^{2}です。

では，この長方形の縦と横を少し動かしてみます。

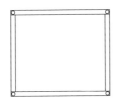
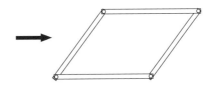

5
章

枠を動かすと④の四角形になりました。面積が変わったかな？　考えてみましょう。

実際に四角形の枠を動かし，面積が変化したか考えさせる。

⑦，④の四角形を用意し，黒板に貼る。

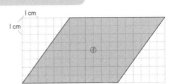

173

④の四角形の名前は何ですか。

平行四辺形です。

では⑦の長方形と④の平行四辺形の面積は変わったでしょうか。

縦と横の長さが同じだから，面積も変わりません。

少し小さくなったような気がします。

では，もう少し動かしてみましょう。四角形⑨とします。四角形⑨の名前は何ですか。

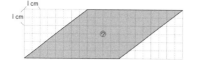

⑨も平行四辺形です。

四角形⑨の面積は，⑦と比べて変わったでしょうか。

縦と横の長さが変わらないので，やっぱり面積は変わらないと思います。

いや，小さくなったと思います。

平行四辺形の面積を求めれば分かります。

場面 ｜ 2

平行四辺形の面積の求め方を考える

面積が変わらないと，変わったと意見が分かれました。確かめるために，④の平行四辺形の面積を求めて考えましょう。

教科書や，あらかじめ用意した⑦，④，⑦の四角形を印刷したプリントを利用し，平行四辺形の面積の求め方を考える時間をとる。

④の面積をどうやって求めましたか。

ここを切って長方形にしました。すると，4 × 6 = 24 で 24cm^2 になります。

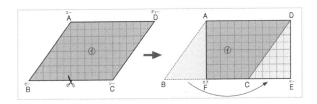

黒板に④を用意し，操作しながら，説明させる。

私はこの部分を切って，長方形にして考えました。

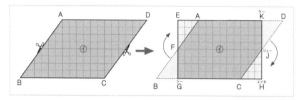

⑦の平行四辺形でも，同じように考えて面積を求めましょう。

⑦も長方形にできます。

⑦は 3 × 6 = 18 で，面積は 18cm^2 になります。

　①で考えることができなかった子どもに，同じ考えを使って⑦の面積を考えるようにする。

長方形に変えると，面積を求めることができましたね。

①の平行四辺形の面積は 24cm^2，⑦は 18cm^2 で長方形の面積の 30cm^2 より小さいことが分かりました。

㋐, ㋑, ㋒の長方形と平行四辺形の比較とまとめ

長方形と平行四辺形を比べてみましょう。何か気が付いたことはありませんか。

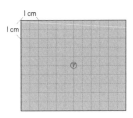

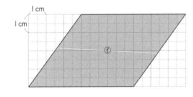

縦の長さと横の長さは全て同じだけど，面積は違った。

㋐, ㋑, ㋒の順に高さが低くなっている。

下の辺と上の辺の間がせまくなっている。

低くなるにつれ，面積が小さくなっている。

もっと低くなると面積はもっと小さくなるのかな。

下の辺と上の辺の間の長さが面積と関係ありそうですね。

　高さに関する子どもの言葉を引き出し，面積は高さに関わるのではないかと見通しを持たせる。

平行四辺形の面積は形を長方形に変えると求めることができる。

平行四辺形の面積は下の辺と上の辺の間の長さ（高さに関わる言葉）に関係がありそうだ。

6章

実践例6年

6年

分数×分数

6年 P.48

180

場面 | 1

□の数を考える

次の課題を提示する。

> へいに緑のペンキをぬります。このペンキは1dLあたり $\frac{4}{5}$ m² ぬれます。このペンキ□dLでは，何m²ぬれるでしょうか。

□の中がどんな数ならすぐに分かるかな？

□が整数なら簡単だね。

□が3なら $\frac{4}{5} \times 3 = \frac{12}{5}$ だね。
整数なら簡単だね。

でも，□が分数ならどうしたらいいのかな。

□が分数でも，今までと同じように計算できるのかな。

□が $\frac{1}{3}$ の場合の計算の仕方を考えましょう。

□が $\frac{1}{3}$ なら式は $\frac{4}{5} \times \frac{1}{3}$ だよね。

6
章

$\dfrac{4}{5} \times \dfrac{1}{3}$ の計算方法を考える

単位量あたりの大きさ	全部の大きさ
$\dfrac{4}{5}$ m²	x m²
1 dL	$\dfrac{1}{3}$ dL

いくつ分

さっきは整数だったけど，$\dfrac{1}{3}$ ならどうやって計算したらいいのかな？

□が整数なら分子だけをかけ算したね。□が $\dfrac{1}{3}$ でも，同じようにかけ算すればいいのかな。

整数なら分子にかけ算したから，分母があるなら，分母×分母でいいのかな。

×3を×$\dfrac{3}{1}$ と考えれば分母も分子もかけてもいいね。

$\dfrac{4 \times 1}{5 \times 3}$ で $\dfrac{4}{15}$ になるのかな？

$\dfrac{4}{5} \times 3$ は，$\dfrac{4}{5} \times \dfrac{3}{1}$ と考えれば，$\dfrac{4 \times 3}{5 \times 1} = \dfrac{12}{5}$ と考えられる。

だから，$\dfrac{4}{5} \times \dfrac{1}{3}$ は $\dfrac{4 \times 1}{5 \times 3} = \dfrac{4}{15}$ ？

$\dfrac{1}{3}$倍にするということは，3でわることと同じだから，わり算で考えてもいいね。

$\dfrac{1}{3}$ 倍 → 3でわることと同じ

だから，$\dfrac{4}{5} \times \dfrac{1}{3}$ は $\dfrac{4}{5} \div 3 = \dfrac{4}{5 \times 3} = \dfrac{4}{15}$

どうやって計算しましたか？

分数×整数のかけ算と同じように，分母同士，分子同士を計算しました。

$\dfrac{4 \times 1}{5 \times 3} = \dfrac{4}{15}$

$\dfrac{4×1}{5×3}$ の正しさを考える

でも，それって本当に合っているのかな。

図をかけば，$\dfrac{4}{15}\,m^2$ で合っているのか分かるよ。

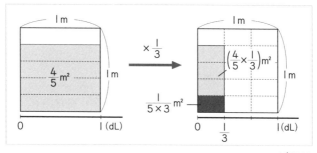

6年 P.49

$\dfrac{1}{3}$ 倍は3でわることと同じだから，$\dfrac{4}{5}÷3$ で考えました。わり算でも $\dfrac{4}{15}$ だったよ。

分数のかけ算は，いつでも $\dfrac{分子×分子}{分母×分母}$ でいいのかな？

場面 ｜ 4

分子×分子 分母×分母 の考え方の一般化とまとめ

□が $\frac{2}{3}$ dL ならどうやって計算すればいいかな。

さっきと同じように考えたら，$\frac{4}{5} \times \frac{2}{3}$ だから，$\frac{4 \times 2}{5 \times 3} = \frac{8}{15}$ だね。

これも図で正しいか確認しよう。

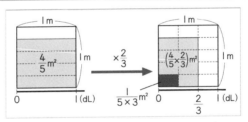

6年 P.50

図で確認しても $\frac{8}{15}$ m² だね。

分数×分数のかけ算は，$\frac{分子×分子}{分母×分母}$ で計算できそうだね。

分数に分数をかける計算は，分母どうし，分子どうしをかけて計算します。

$$\frac{B}{A} \times \frac{D}{C} = \frac{B \times D}{A \times C}$$

6年

比とその利用

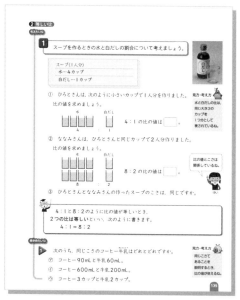

6年 P.135

186

場面 ｜ 1

同じ濃さの意味を考える

> スープ（1人分）
> 水…4カップ
> 白だし…1カップ

 はるかさんは，白だしを水で薄めてスープを作りました。レシピと同じ濃さになるのはどれですか。

- ㋐ 水5カップ 白だし2カップ
- ㋑ 水8カップ 白だし2カップ
- ㋒ 水8カップ 白だし5カップ

同じ濃さってどういうことかな？

レシピの量よりも増やしても同じ濃さになればいいね。

もとのレシピとはるかさんの水と白だしの量を比べればいいのかな。

同じ濃さのスープを探す

水と白だしの量に目をつけて，どれが同じ濃さになるのか調べてみましょう。

レシピは，水が4カップで白だしが1カップだったね。

レシピと比べると，⑦は水が1カップ増えて，白だしも1カップ増えているね。

⑦は，水が4カップ増えて，白だしが1カップ増えているね。増え方が違うね。

⑦は，水が2倍に増えて，白だしも2倍に増えたね。両方2倍に増えたね。

もとのレシピは，水と白だしのカップの差が3カップだね。⑦は水8カップで白だし5カップだから，差が3カップだね。

比の値で比べることもできそうだね。レシピは4：1だから比の値は4だね。これと同じ比の値が⑦〜⑦のどれかを調べればいいね。

場面 ｜ 3

同じ濃さの調べ方の発表

同じ濃さになるのはどれでしたか。

⑦だと思います。

⑦も同じような気がします。

みんなはどうやって調べたのですか。

⑦は水も白だしも1カップずつ増えています。

比を使うと，レシピは水と白だしは4：1，⑦は5：2です。比が違い過ぎるよ。

比の値にしたら，レシピは4：1だから4。でも，⑦は5：2だから2.5。⑦は8：2だから4。

⑦は比で表すと8：5だね。比の値は1.6。レシピとはぜんぜん違うね。

6
章

189

比を使った見方の拡張とまとめ

> 比の値で比べれば，同じ濃さを見つけること
> ができそうですね。次の中で，レシピと同じ
> 濃さになるものはありますか。

レシピ：	水4カップ	白だし1カップ
㋔	水12カップ	白だし3カップ
㋕	水16カップ	白だし5カップ
㋖	水24カップ	白だし6カップ

> ㋔は同じ濃さだね。水と白だしを比に表すと
> 12：3でしょ。比の値にすると12÷3で4だ
> から，レシピと同じだね。

> ㋕は比の値にすると，3.2だから濃さは違うね。

> ㋖は同じ濃さです。比は24：6だから，比の
> 値は4で，レシピと同じです。

> 2つの比で，その比の値が等しいとき，2つ
> の比は等しいと言い，次のように書きます。
> 　　4：1 = 8：2

拡大図と縮図

6年 P.145

6
章

同じ形のイメージ化

次の課題を提示する。

> 教科書145ページの④，⑤，①，⑦の形で，⑦と同じ形はどれでしょうか。比べましょう。

⑦と同じ形はどれでしょうか？

同じ形ってどういうことかな？

大きさが同じということなの？

同じ形だから，合同じゃなくてもいいんだよ。

大きくても小さくても，形が同じならいいということだよね。

大きい円と小さい円みたいな関係だね。

同じ形の条件（拡大図）を探る

では，⑦と同じ形がどれなのか探してみましょう。

どうやって調べたらいいかな。

合同な図形は角度を調べたね。

⑦の角度を調べてから，他の図形の角度も調べよう。④の角度は⑦とは違うな。⑦はどうかな？

合同では辺の長さが同じだったなあ。

⑦の辺 AB は 2cm，辺 AD は 1cm，辺 BC は 3cm だね。これをもとに他の形の長さを調べよう。

⑦と同じ形を，どうやって調べましたか？

⑦が同じ形だと思います。だって，⑦と⑦の角度は全部同じだからです。

では，㋕も同じ形と言えますか。

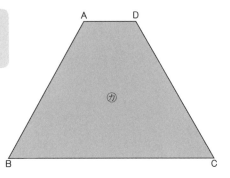

㋐と㋕は全部同じ角度だよ。でも，㋕は㋐と同じ形には見えないよ。

㋕は縦に長すぎないかな？　辺の長さも調べないとだめなんじゃないかな？

㋔の辺の長さは，㋐をもとにすると全部2倍。でも，㋕は2倍の場所と3倍になっている場所があるよ。

辺の長さは比でも表せるよね。㋐と㋔は辺の長さの比はどれも1：2だね。でも，㋕の辺の長さの比は1：2の場所と1：3の場所があるね。

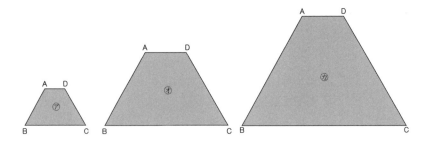

拡大図の条件の縮図への拡張とまとめ

⑦と同じ形は，角の大きさと辺の長さの比を調べれば分かりますね。では，㋖も同じ形と言えるでしょうか。

㋖も同じ形に見えるよね。

⑦と㋖は角の大きさは全部同じだね。辺の長さは，全部⑦の半分の長さになっているよ。

㋖の辺の長さは⑦をもとに比で表すと，2：1だね。㋔の形と反対だね。

対応する角の大きさが等しく，対応する辺の長さの比が全て等しくなるようにのばした図を拡大図と言い，縮めた図を縮図と言います。㋔は⑦の2倍の拡大図，㋖は⑦の$\frac{1}{2}$の縮図と言います。

6年

資料の整理

6年 P.185

1組・2組の反復横とびの記録の比較

> 1組と2組の反復横とびの記録です。どちらの記録がよいと言えるでしょうか。

> 平均で比べればいいんじゃないかな。

> 1組の平均は何mかな。得点の合計は1772点だから，1772 ÷ 39で約45.4点。

> 2組の合計は1802点だから，1802 ÷ 40で約45.1点。1組の記録がいいね。

> いくつかの集団の記録を比べるときに，集団の数が違っていても，平均を求めることで比べることができます。平均のことを平均値と言います。

> 本当に1組の記録がいいと言えるのかなあ。記録の表を見ると，違う気もするんだけど。

1組・2組の平均以外の比較方法を考える

平均以外の比べ方で，1組と2組のどちらの記録がよいのか比べることができるでしょうか。

一番いい記録で比べると，1組が58点で2組が60点だから，2組がいいね。

一番低い記録で比べると，1組が31点で2組が36点だから，これも2組がいいね。

一番多くの記録が集まっているのは，1組が46点に5人，2組が49点に8人集まっている。これも2組がいい記録だと言えます。

真ん中の記録がどこにあるか調べました。1組は46点が真ん中でした。2組は44点と45点が真ん中でした。真ん中だと1組がいい記録だと言えます。

データの中で最も多く現れた値を最頻値，データを大きさの順で並べ変えたときにちょうど真ん中に位置する値を中央値と言います。データを代表する値を代表値と言います。

1組・2組の記録をドットプロットに表現する

平均以外のいろいろな比べ方がありましたね。みんなから生まれた比べ方を分かりやすくする方法はありますか。

棒グラフみたいにしたら分かりやすいかもしれないね。

1組の記録を次のように表しました。この意味は分かるかな。

1組の反復横とびの記録

得点毎に〇を重ねたんだね。分かりやすいね。2組も同じように表してみよう。

6章

2組の反復横とびの記録

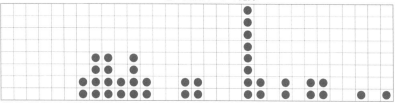

30 3I 32 33 34 35 36 37 38 39 40 4I 42 43 44 45 46 47 48 49 50 5I 52 53 54 55 56 57 58 59 60
(点)

図にすると，どこに記録が集まっているのか
真ん中の記録がどこかなどが分かりやすいね。

上のようなグラフをドットプロットと言いま
す。

7章

章

Q & A

Q₁ 教科書には○○さんの考えが たくさん掲載されています。 それらは全部扱わなければいけませんか。

解 説

　多様な考え方の中には，上の学年で使用するような大切な考え方が入っています。

　例えば，3年上p.112に「③12×4の計算のしかたを考えましょう。」という問題があります。

　それに対して，3人の子どもの考えが載っています。

ひろとさんの考え	だいきさんの考え	ななみさんの考え
$12 \times 4 \begin{cases} 6 \times 4 = 24 \\ 6 \times 4 = 24 \end{cases}$ 合わせて 48	$12 \times 4 \begin{cases} 9 \times 4 = 36 \\ 3 \times 4 = 12 \end{cases}$ 合わせて 48	$12 \times 4 \begin{cases} 2 \times 4 = 8 \\ 10 \times 4 = 40 \end{cases}$ 合わせて 48

　これらは，1つの大切な考え方「数を分けてかけ算しても，答えは同じになる」を使っています。さらにこれらの方法は，「分けてみる」という汎用的な考え方も含んでいます。しかし，初めの2つと最後の1つには大きな違いがあります。つまり，最後の1つは何十といくつに分けています。これは12×4の計算を考えるときに大切な考え方になります。このように「分けて考えている」（例：12を5と7に分ける，12を4と8に分ける等）という方法が子どもたちから出れば，ひろとさんとだいきさんの考えは扱わなくてもよいと思いますが，ななみさんの方法が出ないときは扱っておく必要があると思います。

　この「分けてみる」考え方は小数の計算や分数の計算にも使われます。さらには，図形領域でも使われます。4年下p.48に次のような問題があります。

3 次の図形の面積は, 何cm²ですか。

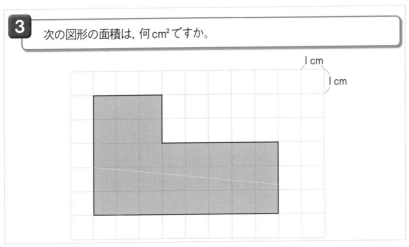

4年下P.48

この問題に対する多様な考え方として次のような例が示されています。

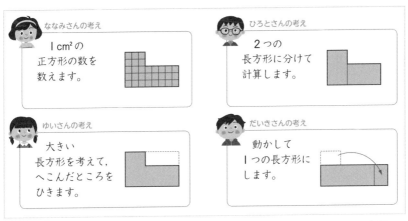

4年下P.49

　ひろとさんとだいきさんの考えは,「分けてみる」という同じ考え方を使っています。ゆいさんの考えも, 大きな長方形と余分な長方形に分けて考えているとも言えます。

　いずれにしても, 前に学習した長方形の面積の公式が使えるように「分けて」考えています。

7
章

　多様な考え方の中に，大切と思われる「考え方」（学校図書では９つの大切な考え方を提案している）が入っている場合は必ず扱うようにしましょう。同じ考え方で別の方法（かけられる数をどのように分けるか，どのように長方形に分けるか）の場合は，あえて取り扱う必要はないと考えます。しかし，実際には子どもたちから教科書に掲載されている多様な考えが出なくても，教科書に示してある「考え」を比較・検討し共通点や相違点を話し合い大切な「考え方」を見つける授業も有効です。

**教科書は授業中
どんなタイミングで開くのが効果的ですか。**

解 説

教科書を効果的に使う場面は，授業中，次のタイミングが考えられます。

①導入場面
②多様な考えを比較・検討する場面
③まとめの場面

①**導入場面**について考えてみましょう。例えば2年上p.58〜59のひよこの数を数える導入があります。教科書を開く指示を出して5秒ほどでまた閉じる指示を出します。そこで「ひよこは何羽いますか」と問います。「もう1回見せて！」と子どもは言います。そこで，「もう1回開いていいです」と言って，今度は10秒見せます。そこでまた閉じます。「ひよこは何羽いるか分かったかな」と問います。「分からないけど，たくさんだよ！」と子どもは言います。そこで，100羽より多いと思う人はグーで手を上げて，100羽より少ないと思う人はパーを上げてと言って，自分の立場を決めます。それから数えさせると，子どもは「数えたい」という思いで主体的になります。このように教科書の開き方を工夫することができます。

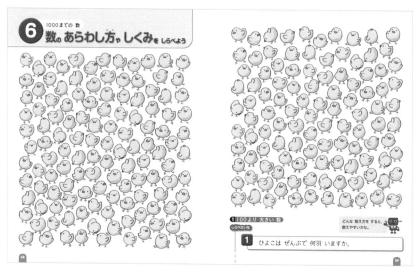

2年上 P.58~59

②**多様な考えを比較・検討する場面**では，例えば，5年下p.49に三角形の面積を求める方法を考える問題があります。4年でもL字型の面積の求め方を，既習の長方形を利用できないかと考えました。ここでも既習の長方形，平行四辺形が利用できないか子どもたちは考えます。そこで，ここの指導の仕方は分かれると思います。先生がヒントを与え自力解決を促すか，子どもたちと解決の見通しを話し合いながら全員でアイディアを出していくか等です。この後，教師の予想した解法が全て出れば，それらを見ながら，考えの「似ているところ」，「違うところ」を話し合うことができると思います。しかし，アイディアがあまり出なかったときは，教科書のp.50を開いて多用な考え方を見ながら話し合い活動をすることができます。

　このように教科書の「○○さんの考え」を見ながら話し合い活動をすることは，全国学力・学習状況調査にもよく出題されますが，友だちの考えを読み取る読解力をつけることにも繋がります。

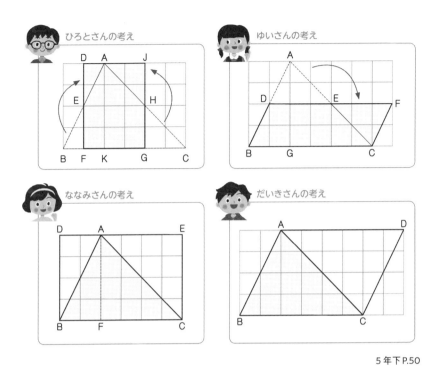

5年下 P.50

③**まとめの場面**では，教科書を開いて，学習のまとめをノートに書かせることは普段よくやられていることだと思います。教科書では指導すべき「用語」や「定義」と，授業の中で見つけたことを区別して表記しています。教科書を開いてこのことを知らせて，ノート指導のポイントにしましょう。

用語や定義

右の三角形で，辺BCを**底辺**としたとき，辺BCに向かい合った頂点Aから辺BCに垂直に引いた直線ADの長さを，底辺BCに対する**高さ**といいます。

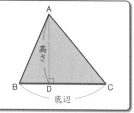

5年下 P.51

授業の中で見つけたこと

 まとめ

三角形の面積は，底辺と高さがわかれば，次の公式で求めることができます。

三角形の面積＝底辺×高さ÷2

5年下 P.51

A₂

教科書は次のような場面で開くと有効です。単に見せるだけでなく，見せ方を工夫して子どもたちを主体的にしたり，読解力の育成に利用しましょう。

①導入場面

②多様な考えを比較・検討する場面

③まとめの場面

めあての設定は
どのようにしたらよいですか。

解説

　教科書には「めあて」と「まとめ」がセットで掲載されています。しかし，全ての学習内容に掲載してあるわけではありません。課題（問題）があって問いが生まれ，その問いが「めあて」に繋がるものと考えています。したがって，「めあて」は授業の途中で出てきます。

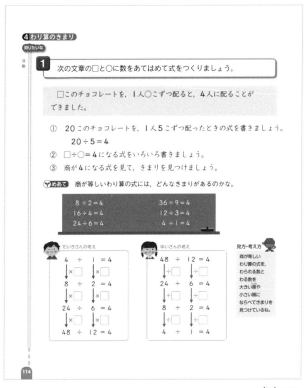

4年上 P.114

教科書では，このように子どもたちの思考の流れに沿って，自然に生まれる典型的な「めあて」と「まとめ」を掲載しています。したがって，問題自体が「めあて」になっているような学習のときは，あえて「めあて」を書いていません。例えば，図形のかき方やいろいろな計算のパターンを示すような，技能的な学習内容のときです。このような場合は，小さな表題が示してあり，それが一般的な「めあて」の役割をしています。

　それでは，教科書に「めあて」が載っていないところで，私たちが考える「めあて」を子どもたちと共有するにはどうしたらよいでしょうか。3年下p.59〜62「三角形のかき方」のところで考えてみます。

3年下P.59

3年下P.60

　そこには，「二等辺三角形のかき方」，「正三角形のかき方」，「円を使った三角形のかき方」，「三角形の作り方」が小さな表題で示されています。これらの学習に「めあて」と「まとめ」を設定するならば，大きく「めあて」は，
　　　「三角形のかき方」
になり，「まとめ」は，それぞれ
　　　「二等辺三角形をかくときはコンパスを使います」
　　　「正三角形をかくときもコンパスを使います」

等になります。しかし，これらの学習をもう少し教科書の意図と子どもの思考に寄り添って考えてみます。初めの二等辺三角形では，頂点アを見つけるために試行錯誤しています。ここで「めあて」が出て，

　　「頂点アを見つける方法を考えてみよう」

となります。結果「まとめ」は，

　　「頂点アを見つけるにはコンパスを使うと便利です」

となります。「正三角形のかき方」では，二等辺三角形のかき方を使ってかいていますが，その方法を説明することを求めています。したがって，「めあて」は，

　　「正三角形のかき方を説明してみよう」

となり「まとめ」はその説明そのものになります。ここで，また新たな問いが生まれ「めあて」として，

　　「どうすればうまく説明できるかな」

となり，「まとめ」として，

　　「まず，次に，さらに，さいごに，といった言葉を使うと順序よく説明
　　できます」

となります。これらは，授業の中で生まれる「めあて」と「まとめ」であると考えます。

A₃

　「めあて」は子どもたちの授業中の「問い」から生まれ，それを解決できたとき，それが「まとめ」になります。教科書に掲載されている「めあて」と「まとめ」は授業の中で生まれてほしい典型的な例として示しています。教材研究のときに，生まれるであろう問いや生まれてほしい問いをイメージすると，その授業の「めあて」と「まとめ」が見えてきます。

新学習指導要領では「対話」が強調されています。ますます話し合う授業が中心になると思いますが，算数が苦手で話し合いについてこれない子どもの対策はありますか。

解説

　算数が苦手といわれている子どもたちは何が苦手なのかを，まず理解する必要があります。それが技能的な問題のときは，計算は何年まで戻る必要があるのか，九九は覚えているか，小数の計算はできるのか，分数の計算はできるのかによって，家庭学習用のプリントや問題集で補うことができます。しかし，算数的な思考力に問題があるときは，日々の授業の中で育てていく必要があります。まず，算数的な思考が苦手な子どもに対しては，「算数は前に学習したことを利用して新しいことを学ぶ」ことが多いことを納得してもらいましょう。そのために，考え方の振り返りを授業に随時入れていくとよいと思います。

　2年上 p.29 に次のような問題があります。

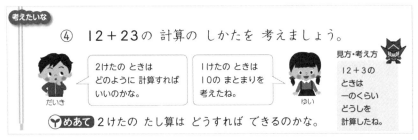

2年上 P.29

　ここの学習は，1年の1桁同士のたし算がもとになっています。考えることが苦手な子どもたちには，1年で学習したことを振り返りながら，「2＋3ならできるね」，「10＋20ならできるよ」とう発言を引き出す手立てが必要です。

「12はどんな数かな」といった問いを子どもたちに投げかければ，「10と
あと2だよ」といった答えが返ってきます。この反応を引き出すために，こ
の前の活動「ぜんぶで何こあるか考えましょう」が大切になってきます。12
という数がどんな構造になっているのか，23という数がどんな構造になっ
ているのかが半具体物でイメージできます。

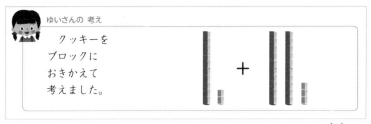

2年上 P.29

12が10と2に分けられ，23が20と3に分けられれば，

    2＋3と10＋20

を計算すればよいことが分かります。

ここで，10＋20が十の位では1＋2で計算できることに気付いていきます。
結果「まとめ」は次のようになっています。

> **☆まとめ**
>
>   2けたの たし算は 十のくらいどうし，一のくらいどうしを
> 計算します。

2年上 P.30

このとき振り返りとして，「1年の計算（2＋3や（何十）＋（何十））ができ
れば，2桁同士のたし算もできる」ことを共有します。

これを積み重ねることによって「算数が苦手」から「算数は分かりやすい
ね」に変わっていきます。

話し合い活動に参加できない理由は，「算数が苦手」だけではありません。
自分の考えをうまく表現できない，友だちの話していることが聞き取れない

といった「対話が苦手」ということもあると思います。

　このような子どもには「○○さんがいったことを，もう一度同じようにお話ししてみて」とか「お隣同士でお話ししてみて」，「グループでお話ししてみて」といった活動を取り入れるとお話しすることが苦にならなくなります。

平行四辺形と長方形は
2本の対角線が
それぞれの真ん中の
点で交わるね。

正方形とひし形は
2本の対角線が
垂直だね。

正方形と長方形は
2本の対角線に
同じせいしつがあるね。

台形をほかの四角形と
くらべるとどうかな。

4年上 P.96

A4

　算数が苦手な子どもに対しては，技能的な苦手を克服する手立て（プリント作成，計算プリントの配付）を考えることと，算数の考え方をいつも振り返り，前に学習したことが今の学習にどう関係しているかを明らかにしていきましょう。また，対話が苦手な子どもについては，「○○さんが言ったことと同じことをお話ししてみましょう」や「お隣さんと相談してみましょう」，「グループでお話ししてみましょう」といった活動を通して，話すこと，聞くことが楽しくなるようにしましょう。

振り返り等のノートを書く機会が多くなると思います。限られた時間の中でノートを書くのが遅い子の対策を教えてください。

解 説

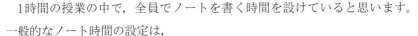

　1時間の授業の中で，全員でノートを書く時間を設けていると思います。一般的なノート時間の設定は，

　①共通の課題を板書しながらノートに書かせる。

　②自力解決のときにノートに自分の考えを書く。

　③先生の指示によって，その部分だけノートに書く。

　④授業のまとめを書く。

　⑤振り返りや学習感想を書く。

　⑥板書全体を書く。

です。これらをノートに書くのに必要な技術は，算数科においては，

(1)図
_____

(2)式
_____

(3)言葉
_____

であると考えます。

⑴　図について

　算数で使われる「図」はいろいろあります。低学年では，まず問題文を「絵」に表現させ，問題文の構造を理解します。それを式に表して，答えを出すという学習を繰り返します。算数の問題を絵にするとき，同じような絵をたくさんかく必要があります。「白いねこが5ひきいます」とあれば，子どもたちは5匹の白いねこをかきます。

7
章

しかし，だんだん面倒になり，○で済ませるようになります。実はこの段階が算数・数学では大切なステップになります。具体的な事象を算数にするために抽象化して式に表すという段階を，活動の中で実感します。低学年のノート指導はこのための時間を確保するようにしましょう。

1年上 P.37

この後，テープ図のかき方を学びます。テープ図のかき方でも，1年でドット図のかき方を練習してきます。しかし，ここでも2年生になると「赤いおはじきが12こ，青いおはじきが14こあります。」といった問題になります。そうすると，●でかくのも大変になってきます。ここでも，ドット図に対してテープ図の有用性を示す段階をていねいに示しましょう。

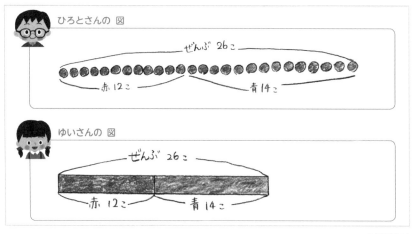

2年下 P.91

　中学年になると数直線を学びます。さらにテープ図と数直線を組み合わせた図を学びます。高学年では2本の数直線を使った図を学び，それに対応した4マス関係表などもかけるようにします。各学年で必要な図はある程度時間をかけてかけるようにしておくことが大切です。

(2)　式について

　小学校では「＝」の意味をしっかり教えていないので，答えを書くときの記号と見ている子どもたちが多いです。3×8＝24と書けるようにするだけでなく，「＝」の右側と左側は同じという意味が分かると，式を使ったいろいろな表現ができるようになります。

　3×8＝3×7＋3といった表現ができるようになると，「3かける8の答えは，3かける7の答えに3をたした答えと同じになります」という表現よりずっと早く，簡潔に自分の考えを書くことができます。

(3)　言葉について

　算数ではわけや理由を説明する場面では「だから」，「したがって」といった言葉を使い，条件を変えて説明したいときは，「もし〜だったら，〜です」，具体的な場面で説明したいときは「たとえば」，手順を説明したいときは「まず，つぎに，さいごに」といった言葉をよく使います。これらの言葉を使った文章表現もノート指導に取り入れると，算数ノートが早くきれいに書けるようになります。

A5

　ノートが早くきれいに書けるようにするには，まず算数で使う図や式，言葉を学習内容に合わせて，適宜「このことを図にかいてみましょう」,「式で表してみましょう」,「言葉でやり方を書いてください」といった指示を出して，短い時間で書ける練習が必要です。初めに示した授業の各段階では，ノートの時間を短くても確保して，毎時間ノートを書く機会を繰り返し取り入れることが必要です。

Q6
文部科学省がデジタル教科書を認可したが，
実際授業の中で効果的に使えるのは，
どのような場面ですか。

解説

　文部科学省が言う「デジタル教科書」は教科書の紙面がそのまま掲載されていて，拡大，ペン機能，読み上げ等の基本機能が搭載されているものを指します。このほかに，①「指導者用デジタル教材」，②「学習者用デジタル教材」と言われるものがあります。

　①は，大型のデジタル黒板に提示して，教師が黒板のように問題を提示したり，図形を動かしたりすることができるもので，基本的には指のタッチや専用のペンを使って使用します。これには教科書と同じ紙面が入っていますが，その他に動画やアニメーションといった子どもたちの視覚に訴えるコンテンツが多数掲載されています。

　②は，子どもたちが使用するものですが，文部科学省が指す「デジタル教科書」に様々な独自のコンテンツをプラス搭載したものです。個人的に学習できる機能（道具の使い方の動画や教科書以外の問題の提示）や調べ学習用のリンクなど個人の学習の進捗に合わせた素材が入っていて，自分のペースや理解度に合わせた学習ができるようになっています。また，①と連携して，授業中に自分の端末をノートのように使用し，①の画面に映すことによって友だちの考えと比べることもできるようになります。

　しかし，文部科学省が指定する「デジタル教科書」や「学習者用デジタル教材」は，生徒一人ひとりが端末を持っていることが最低条件です。これらの普及にはまだもう少し時間がかかると思います。まず教師は，①の「指導者用デジタル教材」を使いこなせるようにする必要があります。

7章

A₆

次のような場面が考えられます。

①単元初め，1時間授業の初め等の課題提示の場面

②教科書に記述されている友だちの考えや，自分と友だちの考えを比べる場面

③まとめと振り返りの場面

小学生が一番難しく感じるのは「割合」の
学習だと思います。割合をどのように
指導するとよいか教えてください。

解説

　割合の学習は児童にとって最も難しいと言われていますが，本当にそうな
のでしょうか。

　5割，5％，10分の1の割合，…などなど，日常生活に割合の表現を目にし
ない日はありません。子どもが苦手なのは，割合の概念ではなく，割合学習
で「かけ算」，「わり算」の関係を読み取り，判断しなければならないことに
あるのです。

　そのため，割合の単元ではこれまで学習した「かけ算」，「わり算」の場面
を整理し，割合の学習と結びつけることを意識することが大切です。

　割合は3つの場面で構成されていますが，どの場面もこれまで学習した内
容を割合の見方・考え方に広げていることを児童が理解し，「かけ算」，「わ
り算」の場面を判断できるようにしていきましょう。

比較量÷基準量＝割合 （比の第1用法）	⇒　わり算（包含除） 　全部の数÷1つ分の大きさ＝いくつ分
基準量×割合＝比較量 （比の第2用法）	⇒　かけ算 　1つ分の大きさ×いくつ分＝全部の数
比較量÷割合＝基準量 （比の第3用法）	⇒　わり算（等分除） 　全部の数÷いくつ分＝1つ分の大きさ

　また，式を考えるときに何が基準量（1，100％，10割）なのかも考える
ように指導すると場面を整理しやすくなります。例えば，$24m^2$の25％を求
める際，まず，100％は何にあたるか考えるのです。ここでは100％は$24m^2$
です。このことは図や数直線を使うと，より分かりやすいでしょう。基準量
を見つけることができたら，割合は％などで表記されているので，残りが比

較量となります。

　基準量を求める場面（第3用法の場面）まで学習すると，3つの割合の式が混ざり，一気に難しさが増します。

　しかし，3つの式を覚える必要はなく，一番簡単なかけ算（比較量を求める場面）で考えて，そこから逆算してわり算の式で表すこともできます。

A_7

　割合の学習は場面が複雑ですが，一つひとつ順番に図などを使いながら整理していく過程が大切なので，児童がどこで分からなくなっているのか把握し，適した助言をすると理解が進むでしょう。

あとがき

　教科書を活用した教材研究を紹介してきた。視点は，次の10個である。

---

1. 一部を隠す＆順番入れ替えで子どもは動き出す
2. 素材そのまま展開お任せ
3. 素材そのまま発問アレンジ
4. 順番アレンジ
5. 短時間連続提示
6. 中途半端を問う
7. 数を問う
8. バラバラ提示
9. 少しずつ提示でお任せ
10. 既習からズレの自覚

　いずれも，ほんの少しの工夫でできるものばかりを視点として集めた。ほんの少しの工夫であるが，効果は絶大である。是非，目の前の子どもたちのために試していただきたいと考えている。

　また，ベテランの先生方の中には，「教科書はつまらない」と感じている方もいるかもしれない（私も，そのように感じていた時期もあった）。確かに，教科書をそのままなぞるだけの授業展開だとしたら，それはつまらないものになるであろう。しかし，本書で提案したようなほんの少しの工夫を試みることで，それまでつまらなく感じられていた教科書が，優れた宝のテキストに見えてくるのではないだろうか。

　料理も授業もその成否を決定づけるのは，それを束ねる者の腕である。前述の10個の視点を意識していただきながら，教科書を活用した授業のレベルアップに本書が役立てば幸いである。

著者紹介

尾﨑正彦

関西大学初等部
全国算数受業研究会常任理事

| 主な著書 |

- 板書で見る全単元・全時間の授業のすべて
  算数　小学校6年上（東洋館出版社）
- アクティブ・ラーニングでつくる
  算数の授業（東洋館出版社）
- 小学校新学習指導要領
  算数の授業づくり（明治図書）
- 子どもの数学的な見方・考え方が働く
  算数授業3年（東洋館出版社）【共著】

松村隆年

常葉大学教育学部
全国算数授業研究会総務幹事

| 主な著書 |

- 子どもの数学的な見方・考え方が働く
  算数授業2年（東洋館出版社）【共著】

直海知子

豊中市立大池小学校
全国算数授業研究会総務幹事

| 主な著書 |

- 子どもの数学的な見方・考え方が働く
  算数授業2年（東洋館出版社）【共著】

木下幸夫

関西学院初等部
全国算数受業研究会常任幹事

| 主な著書 |

- 子どもの数学的な見方・考え方が働く
  算数授業2年（東洋館出版社）【共著】

樋口万太郎

京都教育大学附属桃山小学校
全国算数受業研究会常任幹事

| 主な著書 |

- 子どもの問いからはじまる授業！（学陽書房）
- 「あそび＋学び」で、楽しく深く学べる
  算数アクティビティ200（フォーラムＡ）
- そのひと言で授業・子供が変わる！
  算数7つの決めゼリフ（東洋館出版社）
- 子どもの数学的な見方・考え方が働く
  算数授業1年（東洋館出版社）【共著】

本当は使える
算数教科書
——教科書のトリセツ——

2020年6月20日　初版第1刷発行

著者　　尾﨑正彦　松村隆年　直海知子
　　　　木下幸夫　樋口万太郎
発行者　芹澤克明
発行所　学校図書株式会社
　　　　〒114-0001 東京都北区東十条3-10-36
　　　　TEL 03-5843-9432 FAX 03-5843-9438
　　　　http://www.gakuto.co.jp

ISBN C3037 978-4-7625-0241-5

装丁・本文デザイン | 福士大輔
イラスト | nakata bench